D1730338

Mensch und Maschine

Rudolf Steiner

MENSCH

UND

MASCHINE

Die Rolle der Technik
in der Entwicklung des Menschen

Archiati
Verlag

Dieser Vortrag ist nicht in der Rudolf Steiner Gesamtausgabe enthalten.

Erste Auflage 2005
(1. bis 2. Tausend)

Herausgeber und Redakteur machen in Bezug auf die hier gedruckten Texte Rudolf Steiners keine Rechte geltend.

Redaktion: Pietro Archiati, Bad Liebenzell
Herausgeber: Archiati Verlag e. K., München
Druck: Memminger MedienCentrum, Memmingen
Umschlag: Archiati Verlag, München
Fotos: Rietmann, © Verlag am Goetheanum

ISBN 3-937078-89-4

Archiati Verlag e. K.
Sonnentaustraße 6a · D-80995 München
Telefon: (089)15000513 · Telefax: (089)15000542
info@archiati-verlag.de · www.archiati-verlag.de

Inhalt

«Anthroposophisch orientierte Geisteswissenschaft» hebt dort an, wo die Naturwissenschaft ihre Grenze findet – und führt zum Erleben des körperfrei gestaltenden Denkens • Die freiheitliche Willensentwicklung führt zum Erleben des Geistes, der unsterblich ist • Durch das «schauende Bewusstsein» untersucht man das Geistige im Konkreten • Der Mensch als Mikrokosmos ist die verkörperte Erinnerung der kosmischen Entwicklung • Nur das reale Erleben kann die Gewissheit geben, dass etwas eine objektive Wirklichkeit ist • Die moderne Naturwissenschaft hat im Menschen eine ganz neue, bewusstere Seelenverfassung erzeugt • Vom bloßen Beobachten ging der Mensch über zum durchsichtigeren Experimentieren mit der Natur • Die Technik ist ein neuer Anfang: In der Maschine ist nur Menschengeist enthalten, sie ist eine in sich abgeschlossene, ganz durchsichtige Wirklichkeit • Von der alten Philosophie ist nur der westliche Pragmatismus übrig geblieben, der sagt, nur das Machbare sei «wahr» und «wirklich» – außer man macht einen neuen Anfang im rein Geistigen • Auch im Sozialen kann nur rein menschliche Geistigkeit die Menschen zueinander führen • Das Erleben der Wirklichkeit des Geistes im Menschen gibt Vertrauen für die Zukunft

5

Vorwort

Dieser Vortrag wurde unter dem Titel «Geisteswissenschaft, Naturwissenschaft, Technik» vor Studenten der Technischen Hochschule in Stuttgart gehalten. Für Steiner war es ein besonderer Abend: Wie die Studenten, zu denen er sprach, war er selber von einem Technikstudium ausgegangen.

Die Technik hat im letzten Jahrhundert große Fortschritte gemacht, vor allem, was Gen- und Computertechnik angeht. Ein anderes aber ist, was für den Menschen machbar wird, und wieder ein anderes, was man damit aus dem Menschen macht, welche Art von Mensch dadurch entsteht. In seinem Vortrag rückt Rudolf Steiner den Menschen in den Vordergrund. Er geht der Frage nach: Welche Rolle spielt das technische Zeitalter für die Entwicklung des Menschen als seelisches und geistiges Wesen? Er schildert den Umgang des Menschen mit der Technik als modernen Weg zum Geist. Die Maschine ist verkörperter menschlicher Geist, nichts bleibt in ihr von einem außermenschlichen Geist übrig – sei es Geist am Werk in der Natur oder rein göttlicher Geist. Da kann der Mensch durch Selbstbesinnung am besten den schaffenden menschlichen Geist erleben.

So gesehen ist dieser Vortrag heute noch aktueller als damals, sein Stellenwert bleibt in der Geisteswissenschaft einmalig. Zwar hat die Technik seitdem das Machbare sehr erweitert. Aber wichtiger als die Frage des Machbaren, wird für viele Menschen immer mehr die Frage, was der Mensch aus sich als Geist macht oder machen kann, gerade dank des modernen technischen Bewusstseins.

Am 6. August 1922 kommt Steiner mit eindringlichen Worten auf die besondere Bedeutung dieses Vortrags zu sprechen. *«Ich habe vor einiger Zeit ... an der Technischen Hochschule in Stuttgart einen Vortrag gehalten über Anthroposophie und die technischen Wissenschaften, um da zu zeigen, wie gerade im Untertauchen in die Technik der Mensch diejenige Konfiguration seines Seelenlebens entwickelt, die ihn dann frei macht. So dass er dadurch, dass er in der maschinellen Welt alle Geistigkeit ausgelöscht erlebt, den Antrieb erhält – gerade innerhalb der maschinellen Welt –, durch inneres Aufraffen die Geistigkeit aus seinem Inneren zu holen. Sodass derjenige, der heute das Drinnenstehen der Maschine in unserer ganzen Zivilisation begreift, sich eben sagen muss: Diese Maschine, mit ihrer impertinenten Durchsichtigkeit, mit ihrer brutalen, schauderhaften, dämonischen Geistlosigkeit, zwingt den Menschen, wenn er sich nur selber versteht, aus seinem Inneren heraus zu holen diejenigen Keime von Spiritualität, die in ihm sind. Durch den Gegensatz zwingt die Maschine den Menschen, spirituelles Leben zu entwickeln. Dasjenige, was ich damals habe sagen wollen, ist allerdings, wie ich aus den Nachwirkungen habe sehen können, von niemandem verstanden worden.»*

In der Aussprache zu diesem Vortrag führt Rudolf Steiner aus, dass das Denken, der Mensch als Geist, nicht Mittel zum Zweck sein kann. Das Denken hat nicht den Zweck, die Natur, das Außermenschliche, immer besser zu erkennen oder zu beherrschen. Das Denken macht den Menschen zum Geist: Im schöpferischen Denken ist der Mensch immer am Ziel seiner Entwicklung. Das Denken kann nicht zu etwas noch Höherem, Schönerem oder Besserem dienen – es ist selbst das Höchste, das Schönste und das Beste.

In der Technik, im Umgang mit der Maschine, vollzieht sich die Scheidung der Geister, die endgültige Entscheidung der Freiheit des Einzelnen: *Entweder* versäumt der Mensch die Weiterentwicklung seines Geistes, gebraucht das Denken als Mittel, um die Maschine immer mächtiger, sich selbst immer ohnmächtiger zu machen; *oder* er sieht in der Maschine die Verkörperung reinen menschlichen Geistes und kommt durch Selbstbesinnung zum Leben im Geist. Die Wirklichkeit des Geistes wird zum realen Erlebnis, wenn der denkende und schaffende Geist sich als ersten Ursprung und als letztes Ziel aller Entwicklung versteht – und alles, was dazwischen liegt, als Selbständußerung des Geistes, mit dem Ziel, alle Veräußerlichung durch Innewerdung aufzuheben.

Pietro Archiati

Mensch und Maschine

Stuttgart, 17. Juni 1920

Meine sehr verehrten Anwesenden! Kommilitonen!

Wenn ich heute versuchen werde, vor Ihnen einiges darzulegen aus dem Gebiet desjenigen, was ich seit einer Reihe von Jahren nenne «anthroposophisch orientierte Geisteswissenschaft», so geschieht es in dem Bewusstsein, dass ich am heutigen Abend, in einem gewissermaßen ersten Vortrag, nichts anderes werde geben können als einige Anregungen, und dass ich mir durchaus nicht die Illusion vormache, dass durch eine solche Darlegung gleich im Handumdrehen von irgendetwas eine Überzeugung hervorzurufen ist.

Es wird aber vielleicht möglich sein, dass nach der allgemeinen Charakteristik, die ich zu geben in der Lage sein werde, in der darauf folgenden Aussprache spezielle Wünsche werden befriedigt werden können, spezielle Fragen werden angeregt werden können.

Ich möchte, um unsere Zeit nicht all zu sehr auszudehnen, sogleich eingehen auf das zunächst Wesentliche, das ist: eine Charakteristik zu geben dessen, was Geisteswissenschaft in «anthroposophisch» orientiertem Sinne eigentlich sein will.

Sie unterscheidet sich von dem, was man gewöhnlich Wissenschaft nennt, durch die Methode ihrer Forschung. Und sie ist überzeugt davon, dass gerade ein ernstes, ehrliches Wollen in der Wissenschaft der neuesten Zeit, konsequent verfolgt, zu ihrer Methode schließlich führen muss.

Ich möchte zu Ihnen durchaus in einem wissenschaftlichen Sinne sprechen – bin ich ja doch selbst

ausgegangen wahrhaftig nicht von irgendeiner Anschauung der Theologie, nicht von irgendwelchen Welt-
anschauungsfragen oder Philosophien in dem Sinne,
wie sie gewöhnlich gepflegt werden, sondern ich bin
selbst ausgegangen eigentlich von technischen Studien.

Und aus technischen Studien selbst heraus hat sich
mir diese Geisteswissenschaft als eine Notwendigkeit
unserer geschichtlichen Entwicklungsperiode ergeben.
Daher darf ich mich besonders freuen, am heutigen
Abend gerade zu Ihnen sprechen zu können.

Wenn wir Naturwissenschaft treiben, so haben wir
im Sinne des heutigen Denkens zunächst vor uns dasjenige, was sich um uns herum ausbreitet als die Welt der
Sinnestatsachen. Und wir verwenden dann unser Denken, wir verwenden namentlich unser methodisch ge-
schultes Denken dazu, aus einem entsprechenden Verfolgen dieser sinnlichen Tatsachen Gesetze zu finden.
Wir suchen dasjenige, was wir gewohnt sind zu nennen
«Naturgesetze», «historische Gesetze» und so weiter.

Diese Art, sich zur Welt zu stellen, ist nun durchaus nicht etwas, was etwa die Geisteswissenschaft ab-
lehnt, sondern sie will sich auf den festen Boden dieser Forschung stellen. Nur verfolgt sie diesen festen
Boden, ich möchte sagen, vom Gesichtspunkt des
menschlichen Lebens selbst aus.

Sie kommt, weil sie gerade Ernst machen möchte
mit naturwissenschaftlicher Forschung, einfach an jene Grenze naturwissenschaftlicher Erkenntnis, welche

14

vom besonnenen Naturforscher durchaus zugegeben wird. Und sie steht mit Bezug auf das, was Naturwissenschaft kann, ganz auf dem Boden derjenigen, die da sagen: «In der Zusammenfassung der äußeren Tatsachen mit wissenschaftlicher Methodik dringen wir bis zu einer gewissen Stufe vorwärts, können aber nicht über eine gewisse Grenze hinauskommen, wenn wir auf dem Boden dieser naturwissenschaftlichen Forschung selbst stehen bleiben.»

Aber dann, wenn gewissermaßen dasjenige erreicht ist, was im gewöhnlichen Leben und auch in der gewöhnlichen Wissenschaft angestrebt wird, dann beginnt erst dasjenige, was die hier gemeinte Geisteswissenschaft will.

Wir kommen, indem wir denkend die Tatsachen um uns herum verstehen, zu gewissen Grenzbegriffen – ich erwähne Ihnen nur solche Grenzbegriffe, gleichgültig, ob man sie nun auffasst als bloße Funktion oder als Realitäten –, wir kommen zu solchen Grenzbegriffen von «Atomen», von «Materie». Wir operieren wenigstens mit ihnen, auch wenn wir hinter ihnen keine «dämonischen» Wesenheiten suchen.

Diese Grenzbegriffe, Grenzvorstellungen, die uns ganz besonders auch entgegentreten, wenn wir die für die Technik grundlegenden naturwissenschaftlichen Zweige verfolgen, die stehen gewissermaßen wie Pfeiler da. Und man bleibt, wenn man innerhalb der gewöhnlichen Wissenschaft stehen will, durchaus eben vor diesen Grenzpfeilern stehen.

15

Für den Geistesforscher, wie ich ihn hier meine, beginnt aber an diesen Grenzpfeilern erst die eigentliche Arbeit.

Da handelt es sich darum, dass der Geistesforscher in dem, was ich – bitte, stoßen Sie sich nicht daran, es ist ein technischer Ausdruck, wie die andern auch –, was ich nenne «Meditation», dadurch in einen gewissen inneren Kampf kommt, in ein gewisses inneres Kämpfen des Lebens mit diesen Begriffen, mehr oder weniger mit allen Grenzbegriffen der Naturwissenschaft. Und dieser innere Kampf, er bleibt für ihn nicht unfruchtbar.

Ich muss dabei gedenken, meine sehr verehrten Anwesenden, eines Mannes, der hier in dieser Stadt, an dieser Hochschule, in der zweiten Hälfte des vorigen Jahrhunderts gelehrt hat, und der immer wieder und wiederum betonte diesen Kampf, in den der Mensch hineinkommt, wenn er an die Grenze der gewöhnlichen Wissenschaft kommt. Es ist Friedrich Theodor Vischer, der etwas wusste von dem, was der Mensch erleben kann, wenn er ankommt bei den Begriffen: Materie, Atome, Naturgesetze, Kraft und so weiter und so weiter.

Nicht in einem Hinbrüten besteht dasjenige, was ich hier meine, sondern es besteht darin, dass alles zu Rate gezogen wird im Inneren unserer Seele, was zu diesen Begriffen geführt hat – dass wir versuchen, mit diesen Begriffen «meditativ» zu leben.

Was heißt das eigentlich? Es heißt: in sich die innere Disziplin zu begründen, hinschauen zu können, gerade so, wie man sonst auf die äußeren Objekte hinschaut, auf das, was man endlich in der Seele hat, wenn man bei einem solchen Grenzbegriff ankommt – ich könnte Ihnen viele andere nennen, als die ich eben genannt habe.

Dann, wenn man versucht, mit Abstraktion von allem übrigen Erleben, streng den ganzen Umfang des Seelischen auf solche Begriffe zu konzentrieren, dann macht man eine innerliche Entdeckung.

Und diese innerliche Entdeckung, sie hat etwas Erschütterndes. Nämlich sie zeigt uns, dass von einem gewissen Punkt des Lebens aus – des inneren Lebens aus – unsere Begriffe etwas werden, was durch sich selbst in unserer Seele wächst, was anders sich verhält nach solcher inneren meditativen Arbeit, als es sich verhält, wenn wir es nur als das Resultat äußeren Beobachtens nehmen.

So, wie wir beim heranwachsenden Kind beobachten, wie gewisse Organe, die zuerst mehr undifferenziert hervortreten, differenziert werden, wie wir wahrnehmen, wie Organe wachsen, so fühlen wir bei einer solchen meditativen Hingabe an die Resultate wissenschaftlichen Erlebens wie ein innerliches Wachstum der Seele stattfindet.

Und dann kommt das Erschütternde, dass man sich sagt: Nicht durch eine Spekulation, nicht durch spekulative Philosophie kommt man weiter an dem, was man die «Grenze des Naturerkennens» nennt, sondern durch unmittelbares Erleben – dadurch, dass man um-

17

wandelt dasjenige, was man durch Denken gewonnen hat, in innerliches Erleben eines Anschauens.

Das, meine sehr verehrten Anwesenden, ist der erste Teil desjenigen, was getan wird. Es ist eben durchaus zu erfassen, wie die Methode eine ganz andere wird, und wie daher vom Standpunkt der gewöhnlichen wissenschaftlichen Methode – die mehr als von irgendeinem auch von mir objektiv zugegeben werden kann – etwas ganz Neues eintritt gegenüber dieser gewöhnlichen naturwissenschaftlichen Methode: wie übergeht das bloße Denken in das Erfassen des inneren Erlebens.

Und dann tritt eben durch ein konsequentes, geduldiges, ausdauerndes Erleben in dieser Richtung dasjenige ein, was zum Schluss nicht anders benannt werden kann als ein «Erleben eines geistigen Daseins».

Man kann auf eine andere Art, von anthroposophisch orientierter Geisteswissenschaft aus, nicht sprechen über das Erleben der geistigen Welt. Denn dieses Erleben der geistigen Welt, das ist nicht etwas, was dem Menschen angeboren ist. Es ist etwas, was von dem Menschen eben errungen werden muss.

Kommt man bis zu einer gewissen Stufe dieses Erlebens, dann merkt man eben, dass dieses Denken – das wir sonst ausüben, das sonst unser Werkzeug ist zum Erfassen der Umwelt –, dass dieses Denken doch in einem anderen Verhältnis zu unserer ganzen Leibeswesenheit steht, als man eigentlich anzunehmen gezwungen ist aus dem bloßen Naturerkennen heraus.

Aus dem bloßen Naturerkennen heraus bemerkt man, wie mit den körperlichen Veränderungen und Umwandlungen, mit dem jugendlichen Alter, mit dem Greisenalter und so weiter, sich auch die seelischen Zustände ändern. Mit dem naturwissenschaftlichen Denken kann man physiologisch weitergehen. Man kann zeigen, wie tatsächlich in dem Nervensystem, im Gehirn ein Ausdruck dessen vorhanden ist, was die Struktur, die Konfiguration unseres Denkens ist. Und man kann da, wenn man von jener Seite her konsequent die Sache verfolgt, sagen: «Ja, es geht aus irgendetwas, was natürlich heute höchstens hypothetisch festgestellt werden könnte, hervor dasjenige, was ‹Denken›, was Leben in Gedanken ist.»

Derjenige, der so weit innerlich erlebt hat das, was ich charakterisiert habe als erlebbar, der spricht anders. Der sagt: Wenn man geht meinetwillen über eine aufgeweichte Straße, oder wenn ein Wagen über eine aufgeweichte Straße fährt, dann hat man den Eindruck von Furchen, von Tritten. Es wäre offenbar ganz falsch, wenn man nun die Theorie aufstellte, nur aus dem Grund, weil man das nicht wüsste: Es müsste ein außerirdisches Wesen gewesen sein, durch das die Tritte, die Furchen entstanden sind – wenn man da die Hypothese aufstellte, unter der Erdoberfläche seien gewisse Kräfte, die so wirken, dass sie diese Tritte, diese Furchen bewirkt haben.

So sagt man – und ich sage ausdrücklich: mit einem gewissen Recht – aus der bloßen naturwissenschaftlichen Betrachtung heraus: «Das, was physiologische Gestaltung des Gehirns ist, das ist es doch, was zum Schluss in der Funktion des Denkens, im Leben des Denkens zum Ausdruck kommt.»

Derjenige, der das erlebt hat, was ich charakterisiert habe, der sagt nicht so! Er sagt: «Sowenig diese Tritte und Furchen von innen heraus aufgeworfen sind durch innere Kräfte der Erde, sondern wie irgendetwas darübergefahren ist oder -gegangen ist, so ist das physische Gehirn von dem leibfreien Denken in seine Furchen versetzt worden.» Und dasjenige, was noch in einer gewissen Weise, wenn wir durch die Geburt ins physische Dasein getreten sind, diese Furchen verändert, das ist es auch, welches heruntersteigend aus geistigen Welten überhaupt die Arbeit verrichtet, diese Furchen erst auszugestalten.

Man kommt also darauf, auf diese Weise, dass das Seelische durchaus das Aktive ist, durchaus dasjenige ist, was das Leibliche erst gestaltet.

Ich weiß, meine sehr verehrten Anwesenden, dass selbstverständlich hunderte von Einwänden gemacht werden können gegen das, was ich sage, wenn man bloß vom intellektualistisch-theoretischen Standpunkt ausgeht. Allein, Geisteswissenschaft muss eben hinweisen auf das Erleben, muss hinweisen darauf, dass man vor diesem Erleben mit Berechtigung glaubt, aus dem leiblichen Gehirn heraus entstehe das Gedankenleben als eine Funktion – während man, wenn man dieses Gedankenleben nun selbst erlebt, weiß, wie es in sich selbst aktiv, wie es in sich selber wesenhaft und in Bewegung ist, und wie es das eigentlich Aktive ist gegenüber dem Passiven der Leiblichkeit.

So also ist dasjenige, was gewissermaßen als ein erstes Ausgangsergebnis dasteht, etwas, was nicht durch eine geradlinige Fortsetzung der gewöhnlichen wissenschaftlichen Methode gewonnen wird, sondern nur durch eine Metamorphose, durch eine Umgestaltung der gewöhnlichen wissenschaftlichen Methode in eine Methode, die nur erlebt werden kann – die nicht in einem Spekulieren besteht, sondern in einem innerlichen Erleben. Dies ist die eine Seite.

Die andere Seite dieses inneren Erlebens bezieht sich mehr auf die innere Willensentwicklung des Menschen.

Wir können, indem wir unser Leben betrachten, hinsehen auf Verwandlungen, die wir im Leben durchgemacht haben. Wir denken zurück, wie wir in innerlich-seelischer, in äußerlich-leiblicher Verfassung waren vor einem, vor fünf, vor zehn Jahren, und wir sagen uns: «Wir haben Veränderungen, Verwandlungen durchgemacht.» Diese Veränderungen, diese Verwandlungen, die wir durchmachen, wie machen wir sie durch?

Wir geben uns in einer gewissen Weise passiv der Außenwelt hin. Wir brauchen ja nur wirklich zu sagen: «Hand aufs Herz, wie weit sind wir aktiv in dem, was wir zunächst durch die äußere Welt geworden sind? Die äußere Welt in Vererbung, Erziehung und so weiter, sie gestaltet uns, und das, was uns darin gestaltet, wirkt weiter nach. Da sind wir in der Regel eigentlich die Passiven.»

Wenn man nun das umgestaltet in Aktivität, wenn man daraus bildet das, was man im eminentesten Sinne nennen könnte «Selbst-Willenszucht», in der Weise, wie ich es gleich charakterisieren werde, so tritt das zweite Element zu dem hinzu, was wir als erstes charakterisiert haben, auf dem Weg der Geistesforschung.

Wenn man es nämlich dahin bringt – und das kann nur durch methodische Schulung in dem Sinne erreicht werden, wie es dargestellt wurde in «Wie erlangt man Erkenntnisse der höheren Welten?» und anderen Büchern –, wenn man es durch die methodische Schulung dahin bringt, sich zu sagen: «Ich will einmal mir, wenn auch nur einen kleinen Teil desjenigen, was in mir entstehen soll, positiv vornehmen. Ich will mir vornehmen, dass dieses oder jenes eine Eigenschaft von mir werden soll.»

Und wenn ich es dahin bringe, eine solche Eigenschaft durch eine starke Erregung des Willens wirklich, vielleicht erst nach Jahren, in mir zu erzeugen, wenn ich dasjenige, was ich sonst nur passiv im Leben werde, aus mir selber mache, wenn ich meinen Willen, wenn ich es etwas paradox ausdrücken darf, «in die Hand nehme» und meine Entwicklung – in einem gewissen Teil kann man es selbstverständlich nicht – voll in die Hand nehme, dann tritt dazu auch das noch ein, dass in einer gewissen Weise dasjenige, was sonst bloß Gedächtnis ist, was bloß Erinnerung ist, zu einem realen Gebiet sich zusammenschließt.

Man überschaut gewissermaßen sein Leben wie etwas, was man in einer Reihe überschaut, und man gelangt dann dazu, den Willen in seiner wahren Charaktereigenschaft kennen zu lernen.

Während man das Denken kennen lernt als etwas, was eigentlich, je mehr man in das Leben hineintritt, sich vom Leiblichen loslöst, kommt man dazu, seinen Willen so erkennen zu lernen, dass er eigentlich immer mehr und mehr das Leibliche erfasst, immer mehr und mehr uns durchdringt, uns durchfließt.

Und dass im Grunde genommen der Tod nichts anderes ist als ein Kampf des Willens mit den leiblichen Funktionen, so dass die Leibesfunktionen an einer gewissen Grenze angekommen sind, wenn wir durch einen früheren oder späteren Tod hindurchgehen. Und dass dann dasjenige, was nicht mehr unseren Leib so bearbeiten kann, der Wille, vollständig aufgeht in dem, was der Leib tut, dass dieser Wille sich loslöst und das eine Element, die Seele, nun tatsächlich in eine reale, in eine geistige Welt tritt, wenn wir mit dem Tod abgehen.

So, meine sehr verehrten Anwesenden, handelt es sich darum, dass dasjenige, was man im gewöhnlichen Sinne nennt die «Unsterblichkeitsidee», nicht durch irgendeine Spekulation von der hier gemeinten Geisteswissenschaft verfolgt wird – dass im Grunde genommen diese Geisteswissenschaft vollständig bricht mit der Art und Weise, wie sich die Welt gewöhnlich dieser Idee nähert. Dass Geisteswissenschaft eigentlich, als eine Fortsetzung naturwissenschaftlicher Forschung, durch Gedanken- und Willenszucht dahin gelangt, dasjenige, was wir in uns tragen, Denken und Wollen, in seiner Ausgestaltung so zu erfassen, dass man es erfasst auch dann, wenn dieses Seelische, das im Denken und Wollen lebt, eben leiblos lebt in einer Weise, wie es nicht mehr von den Sinnen erreicht werden kann.

Gewiss, meine sehr verehrten Anwesenden, das, was ich Ihnen hier in aller Kürze auseinandergesetzt habe – es ist schon einmal so, dass die weitesten Kreise unserer Gegenwart es als etwas Phantastisches, Schwärmerisches ansehen. Allein, wie sollte das anders sein!

Alles dasjenige, was zunächst einmal in die Welt tritt und scheinbar widerspricht dem, was schon da war, wird zunächst als etwas Phantastisches, Schwärmerisches angesehen.

Aber ich glaube nicht, dass für alle Zeiten es so sein wird, dass man nicht erkennen wird, dass dasjenige, was hier als die Methode der Geisteswissenschaft – wenigstens in zwei ihrer charakteristischen Elementen – geschildert worden ist, nur eine Fortsetzung, aber eine lebensvolle Fortsetzung desjenigen ist, was Naturwissenschaft eigentlich erreicht, aber womit Naturwissenschaft an eine bestimmte Grenze kommt.

Nun, meine sehr verehrten Anwesenden, wenn man heute vom Geist spricht im Allgemeinen, so wird es ja einem schon nicht mehr recht übelgenommen. Das war so noch im letzten Drittel des 19. Jahrhunderts, wo man in einer gewissen materialistischen Art aus den naturwissenschaftlichen Ergebnissen heraus eine Weltanschauung gebildet hatte, die nur eigentlich die letzte Konsequenz des naturwissenschaftlichen Denkens selbst ziehen wollte. Heute ist es schon wieder gestattet, wenigstens in spekulativer Weise vom Geist zu sprechen. Aber das wird einem noch gar sehr übel genommen, wenn man in der Weise vom Geist spricht, wie ich es eben getan habe. Denn das hat eine gewisse Konsequenz.

Wenn man sich das angeeignet hat, was ich in meinem Buch «Vom Menschenrätsel» «das schauende Bewusstsein» genannt habe, wenn man sich das angeeignet hat, was aus einem so entwickelten Denken und Wollen hervorgeht, dann weiß man sich in der Tat, gerade wie man sich durch seine Augen und Ohren in einer farbigen und tönenden Welt weiß, so weiß man sich durch dieses schauende Bewusstsein in einer geistigen Welt.

Es erfüllt sich einem gewissermaßen dasjenige, was in der Umgebung ist, mit Geist – gerade so, wie sich für denjenigen, der blind geboren ist und operiert wird und von einem bestimmten Moment seines Lebens an die Farben sieht, sich die Farbenwelt eröffnet und die Welt, die vorher in seiner Umgebung war, mit etwas anderem erfüllt wird. So ist es, wenn dieses schauende Bewusstsein eintritt: Es erfüllt sich die Welt, die man bisher gewohnt war als die Welt der Sinne und des kombinierenden Verstandes anzuschauen, mit Geistigkeit. Und der Geist wird etwas Konkretes.

Der Geist wird etwas, was man auch in seiner konkreten Gestaltung verfolgen kann. Man spricht nicht mehr im Allgemeinen von Geist, sondern wenn jemand im Allgemeinen vom Geist spricht, so ist es, wie wenn ein Mensch über eine Wiese geht, wo Blumen stehen: Wenn man ihn fragt, was ist das für eine Blume, und was ist jenes für eine Blume, so sagt er nur: «Das sind alles Pflanzen, Pflanzen, Pflanzen.» So gestattet man dem Menschen heute auch zu sagen: «Hinter der Sinneswelt ist eine geistige Welt.»

Dabei kann aber diese Geisteswissenschaft nicht stehenbleiben, sondern sie muss die geistigen Tatsachen im Konkreten untersuchen – weil eben die geistige Welt um uns herum ist wie die farbige oder tönende Welt –, wie man sonst mit den Sinnen und dem kombinierenden Verstand diese farbige, tönende Welt untersucht.

Und da eignet man sich vor allem anderen eine ganz bestimmte Art an, sich zur Welt zu stellen. Es ist ja auch so, dass man plötzlich, obwohl man blind geboren ist, sich ein anderes Verhältnis zur Welt aneignet, wenn man sehend wird: Man muss sich erst orientieren, man weiß nichts über die Raumperspektive, man muss sie erst lernen.

So muss man sich natürlich auch ein bestimmtes Verhältnis zur Welt, eine Stellung zur Welt aneignen, wenn man in das schauende Bewusstsein übergeht. Dann erscheint einem manches in einer eigenartigen Weise. Deshalb wird der Geistesforscher von den Zeitgenossen noch missverstanden.

Sehen Sie, der Geistesforscher sagt ja niemals eigentlich, dass dasjenige, was durch die Methode der strengen Naturwissenschaft gewonnen ist – dass auch dasjenige, was als Konsequenzen aus diesen Ergebnissen der strengen Naturwissenschaft gezogen ist –, in irgendeiner Weise unrichtig, unlogisch verfolgt sei und dergleichen. Aber er ist genötigt, zu dem etwas aus seiner Geistesschau hinzuzufügen, was dann allerdings nicht bloß hinzuaddiert ist, sondern was die Resultate der Naturwissenschaft in vieler Beziehung ganz ändert.

Sehen Sie, nehmen Sie zum Beispiel die Geologie. Ich will ein Beispiel herausgreifen: Es ist besser, sich über konkrete Fragen zu unterhalten, als in allgemeinen Redensarten zu phrasieren.

Ich verstehe vollständig und konnte selbst diese Methode verfolgen: Wenn man aus dem, was sich heute abspielt um uns herum in den Formationen des Gesteins, in den Ablagerungen der Flüsse und Gewässer und so weiter, untersucht, wie aufeinander liegen die geologischen Schichten, dass man, indem man das verfolgt und dann ausrechnet gewissermaßen – wenn das Betreffende auch keine wirkliche Rechnung immer ist, sondern nur etwas Approximatives –, wenn man dann ausrechnet, wie lange diese Dinge gewirkt haben, wie lange diese Dinge bestanden haben, kommt man zu den bekannten Größenzahlen, wie Sie alle wissen, durch die man die Erdentwicklung zum Beispiel hindurchverfolgt bis zu jenem Anfang hin, wo sich die Erde, wie man hypothetisch annimmt, aus irgendetwas heraus gebildet hat, wie aus einer Art von «Urnebel» und dergleichen. Ich brauche das nicht näher auseinanderzusetzen, Sie kennen das alles.

Aber für den Geistesforscher – einfach dadurch, dass er solches erlebt, wie ich es Ihnen geschildert habe, allerdings nur skizzenhaft, um anzuregen, nicht um zu überzeugen –, für den Geistesforscher ist es so, dass er sich sagen muss: Ich nehme einmal an, dass jemand untersucht die Veränderungen, sagen wir, eines menschlichen Organismus, die Veränderungen des Herzens von fünf zu fünf Jahren. Ich verfolge, wie sich das menschliche Herz oder ein anderes Organ im Verlauf von fünf, von zehn Jahren ändert – was da geschieht.

Und nun rechne ich aus, wie dasjenige, was sich mir da dargestellt hat, wenn ich einfach konsequent zurückschließe aus dem, was ich mir errechnet habe, wie das vor dreihundert Jahren war. Da bekomme ich allerdings durch Rechnung ein bestimmtes Resultat heraus, wie dieses Herz vor dreihundert Jahren war. Nur ist just einzuwenden dagegen, dass dieses Herz dazumal noch nicht vorhanden war! So ganz «richtig» wie die gewöhnliche geologische Betrachtungsweise wäre auch diese Betrachtungsweise: aus den kleinen Veränderungen des menschlichen Herzens zu schließen, wie dieses Herz vor dreihundert Jahren war. Nur war es dazumal nicht da!

So richtig – denn ich stehe durchaus auf dem Boden, dass wenigstens eine gewisse spekulative Richtigkeit hat dasjenige, was die Geologie erschließt –, so richtig ist auch alles dasjenige, was erschlossen wird aus den geologischen Tatsachen für die Entwicklung der Erde. Aber wir versetzen dann dasjenige, was sich uns ergibt als Konsequenz unserer Rechnung, in Zeiten, in denen die Erde noch nicht vorhanden war.

Oder auch, meine sehr verehrten Anwesenden, wir versetzen, indem wir einen Endzustand ausrechnen, indem wir von einer «Entropie» oder dergleichen sprechen, das, was sich uns aus unseren Beobachtungen, die sich über einen gewissen beschränkten Zeitraum ergeben, darstellt, in eine Zeitepoche, die Millionen von Jahren vor uns liegt. Aber das ist für den Geistesforscher dann ebenso, wie wenn er ausrechnen soll, welche Beschaffenheit das menschliche Herz haben kann nach dreihundert Jahren!

Das ist dasjenige, worauf man kommt, wenn man umwandelt die gewöhnliche wissenschaftliche Methode in Erlebbares. Denn, sehen Sie, der Mensch ist tatsächlich wie ein Extrakt des ganzen Kosmos. Im Menschen findet man irgendwie verändert, irgendwie «extrahiert», «komprimiert» oder dergleichen, dasjenige, was im Kosmos als Gesetz vorhanden ist.

Und Sie werden mich fragen: «Ja, wie kannst du Schwärmer denn so etwas behaupten – dass die Erde noch nicht vorhanden gewesen sei? Da musst du uns doch einen Weg zeigen, wie man dazu kommt, etwas anderes zu sagen von jenem Zustand der Erde, von dem du behauptest, dass zu jener Zeit die Erde noch nicht in ihrer jetzigen Form vorhanden war.»

Ich will, allerdings skizzenhaft, charakterisieren, wie man zu solchen Behauptungen, wie ich sie getan habe, kommt.

Man entdeckt, indem man erlebt das Wollen, das Denken, wie ich es geschildert habe, dass der Mensch wirklich eine Art «Mikrokosmos» ist. Ich sage das nicht in der Phrase, wie es die nebulosen Mystiker sagen, sondern in dem Bewusstsein, dass es mir so geworden ist wie nur irgendeine Auflösung einer Differenzialgleichung: aus vollständig logischer Klarheit heraus. Man entdeckt, dass der Mensch innerlich ein Kompendium, eine Zusammenfassung der ganzen Welt ist.

Und gerade so, wie in unserem gewöhnlichen Leben wir ja auch nicht bloß dasjenige wissen, was uns eben in diesem Augenblick sinnlich umgibt, wie wir, indem wir uns ablenken von dem, was uns in diesem Augenblick sinnlich umgibt, hinblicken auf das Bild von etwas, was wir erlebt haben vor etwa zehn, fünfzehn Jahren, wie das vor uns auftaucht, also etwas, was nicht mehr vorhanden ist – es ist aber von ihm etwas in uns vorhanden, was uns ermächtigt, nachzukonstruieren das, was einmal vorhanden war, wir können ja etwas, was wir vor zehn Jahren erlebt haben, was etwas ist, was vor zehn Jahren von uns erlebt worden ist, also etwas, was vergangen ist, durch das, was in diesem Augenblick in uns vorgeht, was also in diesem Augenblick ein «Funktionszusammenhang» unseres Leiblich-Seelischen ist, als Bild vor uns hinstellen –, so ist es mit dem erweiterten Bewusstsein, das entsteht durch Umwandlung des gewöhnlichen Denkens und Wollens.

Indem der Mensch tatsächlich verbunden war mit all dem, was Vergangenheit ist, nur in einem umfassenderen, in einem ganz anderen, in einem geistigeren Sinne verbunden war mit dem, was Vergangenheit ist, wie er verbunden war mit Erlebnissen vor zehn, fünfzehn Jahren, die er wieder herausholen kann aus seinem Innern, so ist es möglich, wenn das Bewusstsein erweitert wird, dass wir einfach herausfinden wie aus einer «kosmischen Erinnerung» dasjenige, wo wir ja dabei waren: Was einfach nicht für das gewöhnliche Bewusstsein in uns weiterlebt, was aber weiterlebt für dasjenige Bewusstsein, was durch die Metamorphose entstanden ist, die ich geschildert habe.

Es ist also nichts anderes als eine Erweiterung, als eine Erhöhung derjenigen Kraft, die sonst unsere Erinnerungskraft ist, wodurch der Mensch innerlich – einfach aus der eigenen Natur, die eine Zusammenfassung des «Makrokosmos» ist – auferstehen lässt «konstruktiv» dasjenige, was tatsächlich in einem bestimmten Zeitraum unserer Erde war.

Der Mensch sieht dann hin auf einen Zustand der Erde, wo sie noch nicht materiell war. Und er sieht hin – während er sonst sich konstruieren muss aus den gegenwärtigen Ergebnissen der Geologie irgendetwas, was in der Zeit gelegen haben soll – auf einen Zeitpunkt, wo die Erde noch nicht da war, wo sie in einer viel geistigeren Gestalt war. Er sieht – indem er das, was in ihm lebt, «konstruktiv» nachschafft – dasjenige, was tatsächlich der Bildung unserer Erde zugrunde liegt. Und ebenso ist es mit dem, was in einer gewissen Weise als etwas «Konstruktives» in uns von einem Zukunftszustand der Erde auftauchen kann.

Sie sehen daraus – obwohl ich weiß, wie unbefriedigend eine solche skizzenhafte Schilderung sein muss –, dass nicht aus blauem Dunst oder aus der Phantasie dasjenige geschöpft ist, was ich als Geisteswissenschaft charakterisiere.

Es ist natürlich etwas Ungewohntes. Aber dann, wenn man einmal die Metamorphose des Bewusstseins vollzogen hat, dann ist dasjenige, was man da innerlich «konstruktiv» darstellt, mit einer ebenso innerlichen Klarheit vor dem Bewusstsein, wie dasjenige ist, was man in der Mathematik oder in der Geometrie vor das Bewusstsein hinzaubert, was ja auch aus dem Inneren des Menschen heraus ist.

Und wenn dann jemand kommt und sagt: «Ja, du musst aber doch etwas behaupten, was alle Menschen einsehen können», so sage ich: «Jawohl, so ist es auch!» Aber es handelt sich zunächst auf der einen Seite darum, dass derjenige, der das einsehen will, ebenso durchmachen muss all das, was zuerst dazu

notwendig ist, wie derjenige, der eine Differenzialgleichung lösen will, das erst durchmachen muss, was
ihn dazu hinführt, das zu können.

Und wenn auf der anderen Seite eingewendet wird:
«Ja, das Mathematisch-Geometrische stellt konstruktiv
vor das Bewusstsein nur dasjenige, was nicht real ist,
was wir anwenden, wenn wir die Realität der Außenwelt verfolgen», dann sage ich: «Ja, das ist so. Aber wir
gelangen, wenn wir das konstruktiv vor uns hinstellen,
zu der Überzeugung, dass es ein bloß Formales ist.»

Aber wenn man das Charakterisierte im Bewusstsein hat, weiß man: Es ist eine Realität. Dann kann
jemand sagen: «Das ist vielleicht eine Selbstsugges-
tion.» Dann sage ich: «Alles dasjenige, was uns die
Möglichkeit gibt, überhaupt zu sagen, etwas ist real,
das ist nur ein Ergebnis des Erlebens.»

Und wenn manche Leute einwenden: «Es kann sich
jemand täuschen, es kann jemand zum Beispiel den
lebhaften Gedanken fassen der Zitronensäure, die er
trinkt, und wenn er dann ‹sensitiv› ist, kann er sogar
den Zitronengeschmack haben», so sage ich: «Das ist
möglich. Aber so wie man im gewöhnlichen Leben die
bloß gedachte Hitze unterscheiden kann von jener Hitze, die auf einen wirkt, wenn man wirklich ein heißes
Eisen berührt, ebenso kann man durch innerliches Erleben – denn das Ergreifen aller Wirklichkeit ist ein solches –, wenn man ‹das schauende Bewusstsein› hat,
unterscheiden zwischen dem, was bloß Phantasie, was
bloß Suggestion ist, und dem, was Realität ist.»

33

Und ich möchte sagen: Es ist notwendig, dass man die Dinge bis zum Ende verfolgt, nicht irgendwo stehen bleibt. Wer da stehen bleibt, wo eigentlich der Weg weiterführen sollte, der unterliegt vielleicht der Suggestion. Ich sage daher: Es ist allerdings möglich, wenn man «sensitiv» ist, dass man sich der Autosuggestion hingibt: «Ich habe den Gedanken der Zitronenlimonade, ich fühle selbst den Geschmack». Aber den Durst, den wird mir die gedachte Zitronenlimonade nicht löschen!

Es handelt sich darum, dass man von der Geschmacksempfindung zum Durstlöschen übergeht, dass man also den Weg konsequent verfolgt. Das Erleben muss nur konsequent verfolgt werden, dann ist auch das, dass man irgendetwas im geistigen Sinne als Wirklichkeit bezeichnet, durchaus Ergebnis des Erlebens. Wie auch die Bezeichnung einer sinnlichen Wirklichkeit oder Realität im Grunde genommen nicht «ertheoretisiert» werden kann, sondern ein Ergebnis des Erlebens ist.

Nun, meine sehr verehrten Anwesenden, ich habe Ihnen jetzt jene Geisteswissenschaft charakterisiert, zu der man kommt, wenn man ganz als moderner Mensch durchgeht alles dasjenige, was heute das Leben darbietet.

Dieses Leben hat sich wahrhaftig in den letzten dreißig bis fünfzig Jahren, namentlich durch die Umschwünge der Technik, außerordentlich verändert. Wenn ich mich selbst zurückerinnere an die Jahre, wo man die erste Lehrkanzel einrichtete für Technik, zu Beginn der achtziger Jahre, und was alles seit jener Zeit geschehen ist, dann bekomme ich ungefähr eine Vorstellung, wie sehr sich dieser moderne Mensch verändert hat durch alles das, was hineingezogen ist in unser erkennendes, in unser sittliches, aber namentlich auch in unser soziales Leben.

Derjenige, der das ehrlich mitgemacht hat, der nicht aus irgendeinem Vorurteil sagt: «Ach was, diese ganze Naturwissenschaft kann uns doch nichts geben!», sondern gerade auf den Standpunkt sich stellt: «Die Naturwissenschaft kann uns viel geben!», der gerade ganz mit Herz und Seele bei den Triumphen der neueren Naturwissenschaft ist, kann dazu kommen, dass dasjenige, was der Welt geistig zugrunde liegt, auf die Art erfasst werden muss, die ich versuchte, Ihnen heute darzustellen.

Dann schaut man wohl zurück in frühere Zeiten der Menschheitsentwicklung, und man sagt sich: In diesen früheren Zeiten der Menschheitsentwicklung haben die Menschen ja auch vom Geist gesprochen. Und die Art und Weise, wie sie vom Geist gesprochen haben – sie ist traditionell erhalten geblieben in verschiedenen religiösen Bekenntnissen, die man heute wahrhaftig, wenn man ganz ehrlich ist und nicht doppelte Buchführung des Lebens führen will, nicht mit den gewöhnlichen Ergebnissen der Naturwissenschaft vereinigen kann.

Diese geistigen Ergebnisse, sagt man sich, sind entsprungen aus einer ganz anderen Bewusstseinsverfassung der Menschen. Das, was wir gelernt haben durch die drei bis vier Jahrhunderte, in denen die naturwissenschaftlichen Methoden heraufgezogen sind, was uns geworden ist als Seelenverfassung durch die kopernikanische, die galileische Denkweise, durch Kepler, indem wir in der neueren Zeit durchgegangen sind durch all das, was abgezogen hat die technischen Gesetze aus naturwissenschaftlichen Gesetzen – dadurch haben wir nicht bloß Ergebnisse erlangt, dadurch ist auch die ganze zivilisierte Menschheit in einer gewissen Art erzogen worden.

Die ganze Konfiguration der Seele ist eine andere geworden – wahrhaftig nicht, indem wir theoretischer geworden sind, sondern indem wir nun bewusster geworden sind, indem wir notwendigerweise durch die Entwicklung der Menschheit verlassen mussten gewisse instinktive Zustände früherer Zeitalter.

Und wir blicken zurück auf das, was frühere Zeitalter als Geistigkeit empfunden haben, die sich in religiösen Traditionen erhalten hat, und wir sagen uns: Was damals als Geistigkeit da war, das wurde im menschlichen Instinkt erfasst. Von dem konnte man nicht sagen, dass notwendig dazu sei ein solches Herauferheben des Bewusstseins aus den Methoden der Naturwissenschaft, aus den Methoden des sozialen Erlebens der neueren Zeit.

Da sprachen die Menschen so, dass ihnen gewissermaßen, indem sie die Naturerscheinungen sahen, diese Naturerscheinungen den Geist, von dem sie redeten, mitgaben. Wie hat etwa ein alter zivilisierter Ägypter zu der Welt gestanden? Er schaute hinauf, verfolgte den Lauf der Sterne, die Konfiguration des Sternenhimmels. Er sah nicht bloß dasjenige in diesem Sternenhimmel, was Kopernikus, Galilei, Kepler gesehen haben, sondern er sah etwas, was für ihn zugleich ein Geistiges offenbarte. Geradeso wie, wenn ich meinen Arm bewege, ein seelisch Aktives zugrunde liegt dieser Handbewegung, so fühlte der Mensch früherer Zeitepochen in dem, was äußerlich geschah, dasjenige, was Geistiges diesem äußerlichen Geschehen zugrunde liegt – aber instinktiv.

Dann kam die neuere Zeit herauf, die Zeit der Naturwissenschaft. Ich möchte sagen: Wir blicken zurück auf eine lange Zeit, die eigentlich erst ihren Schluss erreichte um die Mitte des 15. Jahrhunderts, auf eine lange Zeit der Menschheitsentwicklung, in der die Menschen nicht anders konnten, als dasjenige, was sinnlich um sie herum war, zugleich als Geistiges zu sehen.

Wenn wir heute reden von Aggregatzuständen – vom Festen, vom Flüssigen, vom Luftförmigen –, dann reden wir so, dass wir das Materielle ins Auge fassen. Der alte Mensch, wenn er von dem sprach, was für uns heute die Aggregatzustände sind, wohl waren das für ihn die Elemente, aber sie waren nicht bloß das Materielle. Es war das Geistige, das sich ihm offenbarte. Dasjenige, was als materielle Welt den Menschen umgab, war für ihn ebenso der äußere «physisch-geistige»

Ausdruck für das Geistig-Seelische, wie für uns der physische Organismus ein Ausdruck ist für Geistig-Seelisches – aber alles war instinktiv.

Dieser Weg ist notwendig verlassen worden in den letzten drei bis vier Jahrhunderten, als die Menschheit überging zu etwas ganz anderem, was dann leitend wurde in der Zivilisation – als überging die Menschheit zu dem, was das Naturanschauen heraushob aus dem bloßen Beobachten, das ja immer etwas verknüpft ist mit diesem instinktiven, mit diesem geistigen Schauen der «Natur», was sich ja nur, weil es sich bloß im Namen erhalten hat, verbirgt.

Der Mensch ging über – von dem bloßen Beobachten der Natur – zu dem, was man nennen könnte «experimentierendes Erfassen der Natur». Seit Bacon, seit andere gewirkt haben, ist an Stelle der bloßen Beobachtung getreten das experimentierende Erfassen der Natur.

Wir machen im Laboratorium, im physikalischen Kabinett das Experiment, statt auf die technische Arbeit [?] zu sehen. In dem, was wir selber als Bedingung hervorbringen für irgendein natürliches Geschehen, überschauen wir eben diese Bedingungen. Wir sind in einer anderen Lage gegenüber dem Experiment, wie dem gegenüber, was wir bloß in der Natur beobachten.

In der Natur kann ich nicht wissen, ob das, was sich mir da enthüllt, sei es für meinen Verstand oder meine Phantasie, ob das auch irgendeine Totalität ist, oder ob ich mich hineinvertiefen muss – viel, viel tiefer, als sich mir zunächst die Sache darstellt. Kurz, es bleibt trotz allem genauen Beobachten dasjenige, was ich in der Natur beobachte, wie ein Unbekanntes vor mir.

Wenn ich das Experiment vor mir habe, stelle ich die Bedingungen selber her. Ich verfolge, wie das eine aus dem anderen hervorgerufen wird, und das, was dann noch unbekannt ist, ist im Grunde das, was eigentlich interessiert. Wer ein Experiment zusammenstellt und zuletzt beobachtet, was beobachtet werden kann, der hat eigentlich im Auge das Ergebnis desjenigen, was aus den für ihn überschaubaren Bedingungen folgt.

Es ist im Experiment alles in einer ganz anderen Weise durchsichtig, als durchsichtig ist dasjenige, was ich in der Natur beobachte. Und so haben sich die Menschen allmählich daran gewöhnt, in dem überschaubaren Experiment den Interpreten der Natur zu haben, gewissermaßen das Naturgesetz zu verfolgen da, wo man die Bedingungen seiner Offenbarung selber verfolgen kann.

Diese experimentierende Methode ist aber noch immer verknüpft mit einer gewissen inneren Sehnsucht, die früher das Erkennen durch und durch getragen hat. In jenen alten Zeiten, da es noch keine Technik, noch keine Naturwissenschaft in unserem Sinne gegeben hat, war dasjenige, was man als Wissenschaft betrachtete, vor allen Dingen aus der Erkenntnissehnsucht hervorgegangen – aus der Sehnsucht, wenn ich mich so ausdrücken darf, zu erkennen, zu erforschen, «was die Welt im Innersten zusammenhält».

Jetzt, indem die experimentierende Methode aufgetreten ist, ist es nicht die Erkenntnissehnsucht allein, sondern die Sehnsucht, nachzuschaffen das, was die Natur bildet. Aber es lebt die alte Erkenntnissehnsucht noch fort. Man schafft nach dasjenige, was man im Experiment vor sich haben will, um durch das, was man da überschaubar hat, die Natur selber zu enträtseln.

Aber mit Selbstverständlichkeit ist in der neueren Geschichte gerade aus dieser experimentierenden Methode die Technik erwachsen, und in der Technik haben wir eine neue Phase.

Wir können geradezu sagen: In der Entwicklungsgeschichte der Menschheit haben wir zuerst das bloß erkennende Forschen, dann die experimentierende Methode, die mit dem Nachschaffen aber noch immer die Sehnsucht des alten Erkenntnisstrebens vereint.

Indem wir aber übergingen – man braucht nur zu verfolgen, was eigentlich geschehen ist –, indem man überging von dem, was man zusammen erleben kann mit dem Experiment, zu dem, was dann aus dem Experiment heraus in den erkannten Naturgesetzen durch die technischen Gestaltungen, die so tief eingreifen in das menschliche, in das soziale Leben, geschieht, da sagt man sich: Da ist ein Dreifaches vorhanden, eine Dreiheit, die übergeht von der Natur zu dem, was ein

Nachschaffen der Natur noch hat, zu dem, was ein Schaffendes im Menschen selber ist.

Dieses Schaffende – ich glaube nicht, dass ich zu ganz unempfindlichen Seelen spreche, wenn ich von diesem Schaffenden das Folgende sage: Derjenige, der mit jenem eigentümlichen Duktus, mit jener eigentümlichen Seelenverfassung gerade eine technische Schulung durchmacht, der fühlt sich anders in dieser Schulung drinnen als derjenige, der etwa eine theologische – was die Nachbildung ist der ältesten Erkenntnismethoden – oder eine schon experimentierende naturwissenschaftliche Schulung durchmacht.

Derjenige, der eine experimentierende naturwissenschaftliche Schulung durchmacht, der wendet an das Mathematische, Geometrische, Theoretisch-Mechanische, das Phoronomische und so weiter auf dasjenige, was er dort beobachtet. Er rechnet die Natur gewissermaßen nach.

Auf einem ganz anderen Bewusstseinsstandpunkt steht man, wenn man gewissermaßen vor sich hat zunächst dasjenige, was ganz innerlich durchschaubar ist – das Mathematische, das Geometrische –, und wenn man das nun nicht nur auf das Experiment anwendet, das der Natur nachgebildet ist, sondern wenn man es in völlig freiem Schaffen anwendet auf die Gestaltung der Maschine.

Wenn man sieht, dass das, was man erlebt hat als Mathematik, als theoretische Mechanik und Chemie, hinausdringt in die Gestaltung des technischen Gebildes, da erlebt man in einer ganz anderen Weise die Welt, als der bloße Naturforscher oder der theoretische Techniker sie erlebt.

Was ist der eigentliche Unterschied? Eines berücksichtigt man oftmals nicht. Denken Sie sich einmal, wir nennen im gewöhnlichen trivialen Leben «wirklich» alles Mögliche – auch das, was in einem höheren Sinne nicht wirklich ist.

Wir nennen «wirklich» eine Rose. Ist denn eine Rose in einem höheren Sinne wirklich? Wenn ich sie hier vor mir habe, abgerissen vom Rosenstamm, kann sie nicht leben. Sie kann nur so gestaltet sein, wie sie ist, wenn sie am Rosenstamm wächst, wenn sie aus der Rosenwurzel herauswächst. Indem ich sie abschneide, habe ich eigentlich vor mir eine «reale Abstraktion» – etwas, was durch das, was ich vor mir habe, gar nicht bestehen kann.

Das aber ist bei jedem Naturgebilde in einer gewissen Weise vorhanden. Wenn ich ein Naturgebilde betrachte, selbst einen Kristall – bei dem es aber am wenigsten der Fall ist – kann ich ihn nicht verstehen, wenn ich bloß auf ihn hinschaue, weil er im Grunde genommen so wenig bestehen kann aus sich selbst wie die Rose. Sondern ich muss sagen: Dieser Kristall ist nur möglich in der ganzen Umgebung, indem er vielleicht in einer Druse herausgewachsen ist in der Gebirgsformation.

Wenn ich aber das vor mir habe, was ich selber geformt habe als ein technisches Gebilde, so stehe ich dazu anders. Ich muss sagen: Das kann man empfinden – sogar empfinden als etwas radikal Bedeutsames im Erleben des modernen Menschen, der selber aus einer technischen Bildung heraus hinblickt auf das, was die Technik dem modernen Leben geworden ist.

Wenn ich ein technisches Gebilde vor mir habe, so ist es, indem ich es herauskonstruiere aus der Mathematik, aus der theoretischen Mechanik, etwas, was in sich abgeschlossen ist. Da habe ich etwas vor mir, was in sich abgeschlossen ist. Und lebe ich in dem, was im Grunde genommen der Umfang allen technischen Schaffens ist, so habe ich nicht bloß ein Abbild der Naturgesetze vor mir, sondern tatsächlich in dem, was aus den Naturgesetzen in den technischen Gebilden geworden ist, steht etwas Neues vor mir da. Es ist etwas anderes, was als Gesetze den technischen Gebilden zugrunde liegt, als was selbst der anorganischen Natur zugrunde liegt.

Es ist nicht bloß so, dass die Gesetze der anorganischen Natur einfach übertragen werden, sondern so, dass der ganze Sinn des Gebildes gegenüber dem Kosmos ein anderer wird, indem ich als freischaffender Mensch das, was ich sonst erlebe aus der Gestaltung physikalischer oder chemischer Untersuchungen heraus, in das technische Gebilde hineinversetze.

Damit kann man aber sagen: Indem die moderne Menschheit dabei angelangt ist, das Technische herausgezogen zu haben aus dem ganzen Umfang des Natürlichen, indem wir lernen mussten in der neueren Zeit im

Gebiet des Technischen so zu leben, dass wir mit dem menschlichen Bewusstsein in einem ganz anderen Verhältnis zum Technischen stehen als zu dem in der Natur Hervorgebrachten, sagen wir uns: Jetzt ist es zum ersten Mal, dass wir vor einer Welt stehen, die nun gewissermaßen seelisch durchsichtig ist.

Die Welt der Naturforschung ist in einer gewissen Weise seelisch undurchsichtig: Man blickt nicht auf den Grund. Die Welt des Technischen ist so wie ein durchsichtiger Kristall – natürlich seelisch verstanden. Damit ist wirklich eine neue Stufe der geistigen Entwicklung der Menschheit gerade mit der modernen Technik erstiegen. Damit ist etwas anderes eingezogen in die Entwicklungsgeschichte der Menschheit.

Deshalb haben sich auch moderne Philosophen nicht zu helfen gewusst mit dem, was da in diesem modernen Bewusstsein gerade durch die Triumphe der Technik entstanden ist. Ich darf vielleicht hinweisen darauf, wie wenig rein philosophische, spekulative Denkweise anzufangen wusste mit dem, was gerade von der Technik seither das moderne Menschheitsbewusstsein ergriffen hat. Wir werden ja heute viel mehr ergriffen von dem, was ausgeht von leitenden, führenden Strömungen der Menschheitsentwicklung, als wir glauben. Dasjenige, was heute allgemeines Bewusstsein ist, war noch nicht da, als es noch kein Zeitungswesen gab – als der einzige geistige Verkehr der war, dass die Leute am Sonntag in der Kirche den Pfarrer von der Kanzel reden hörten.

Dasjenige, was heute allgemeine Bildung ist, das fließt, ohne dass man sich dessen bewusst ist, durch gewisse Kanäle von den führenden Strömungen in die breiten Massen hinein. Und so ist im Grunde genommen das, was durch das technische Bewusstsein gekommen ist, im Verlauf einer sehr kurzen Zeit zu den Formen der Gedanken der breitesten Massen geworden. Es lebt in den breitesten Massen, ohne dass diese es wissen.

Und so können wir sagen: Es ist schon so, dass da etwas Neues eingezogen ist. Und da, wo sich ein Bewusstsein ganz einseitig hat besessen werden lassen – was wir in Europa glücklicherweise noch nicht erreicht haben! –, wo sich ein Bewusstsein in seinen Leitenden, Führenden gerade ganz besessen gemacht hat von diesem Abgezogenen, da trat eine merkwürdige philosophische Richtung auf, der so genannte «Pragmatismus» des William James und so weiter, der da sagt: «Wahrheit, Ideen, welche bloß Wahrheit sein wollen, das ist überhaupt ein Unwirkliches. In Wahrheit ist bloß dasjenige ‹Wahrheit›, von dem wir sehen, dass es verwirklicht werden kann. Wir bilden uns als Menschen gewisse Ziele, wir formen danach die Wirklichkeit. Und wenn wir uns sagen: Das oder jenes ist nach einem Naturgesetz wirklich, so bilden wir daraus ein entsprechendes Gebilde. Können wir in der Maschine, in der Mechanik verwirklichen dasjenige, was wir uns vorstellen, so ist für uns durch die Anwendung im Leben erwiesen, dass das ‹Wahrheit› ist. Aber es gibt keinen anderen Beweis, als den der Anwendung im Leben. Und so ist nur dasjenige, was wir im Leben verwirklichen können, wahr.»

Der so genannte Pragmatismus, der alles Logisch-Innerliche verfolgt, der «Wahrheit» ableugnet und eigentlich nur die Bewahrheitung der Wahrheit durch dasjenige, was außen sich vollzieht, gelten lässt, das figuriert heute in den breitesten Kreisen als amerikanische Philosophie und ist das, was auch schon in Europa einige Leute seit Jahrzehnten, auch vor dem Krieg, ergriffen hatte.

Alle diejenigen, die Philosophen sind und noch in den alten Bahnen fortdenken wollen, die wissen nichts anderes anzufangen mit dem, was als neuere Technik aufgetreten ist – als das Bewusstsein der neueren Technik –, als den Wahrheitsbegriff überhaupt abzusetzen. Indem sie herausgetreten sind aus dem instinktiven Erfassen der Natur, aus dem experimentierenden Nachschaffen der Natur zu dem freien Gestalten der Natur, ist ihnen nichts geblieben als das freie äußere Gestalten.

Das innere Erleben der Wahrheit, jenes seelische In-sich-Erleben desjenigen, was als Geistiges die Seele durchziehen kann, das wird damit eigentlich geleugnet. Und nur dasjenige, was in den äußeren, zweckmäßigen Gebilden verwirklicht werden kann, was man verwirklicht sieht, das gilt als «Wahrheit». Das heißt: Der in der menschlichen Seele sich selber tragende Wahrheitsbegriff ist eigentlich abgesetzt!

Nun, es ist auch eine andere Entwicklung möglich. Es ist *die* Entwicklung möglich, dass wir erleben, wie sich in der eigentlichen Substanz der technischen Gebilde etwas abhebt von dem Natürlichen, in dem jetzt nichts mehr drinnen steckt, was wir nur erahnen können, sondern nur, was wir überschauen können. Denn wenn wir es nicht überschauen, können wir es nicht gestalten.

Indem wir dieses erleben, indem wir uns gerade richtig durchdringen mit dem, was daran erlebt werden kann, muss in uns umso mehr erwachen ein gewisses Bedürfnis.

Diese «neue Außenwelt», die zeigt sich uns ohne die innere Bewahrheitung der Ideen, die zeigt sich uns ohne das innere Erleben der Ideen. Daher werden wir durch dieses neue Erleben vorbereitet zum reinen Erleben desjenigen, was Geistigkeit ist, desjenigen, was der Mensch abgezogen von allem äußeren Beobachten so im Inneren erleben muss, wie ich am Beginn meiner heutigen Betrachtungen versuchte, Ihnen skizzenhaft darzustellen.

Und so glaube ich, weil wir in der Entwicklungsgeschichte der Menschheit vorgedrungen sind zu einer Anschauung von jener Wirklichkeit, die wir äußerlich überschauen können, wo wir nicht mehr mit der Äußerlichkeit irgendein Dämonisches, Gespenstiges sehen können, weil wir dazu gelangt sind endlich, das äußere Sinnliche nicht mehr so deuten zu können, dass wir sagen: «Es ist uns undurchsichtig und wir können dahinter irgendetwas Geistiges vermuten» – so müssen wir in uns die Kräfte für den Geist durch die eigene Entwicklung der Seele zu finden suchen.

Mir hat es immer so geschienen, als ob ein wirklich ehrliches Erleben jenes Bewusstseins, das uns gerade aus der Technik kommt, auf der andern Seite uns auffordert – weil uns sonst dasjenige, was mit unserer Menschennatur innig verknüpft ist, geradezu verloren gehen müsste –, dass es uns auffordert, dasjenige, was Geistigkeit ist, nun im Inneren zu erleben, um zu dem einen Pol der durchschaubaren Mechanik, der durchschaubaren Chemie dasjenige hinzustellen, was nun mit Geistesschau erlangt werden kann, was sich im Geist vor die Menschen hinstellen kann.

Mir scheint, dass es notwendig ist in unserer Zeit, dass sich offenbart die Geistesschau der Anthroposophie aus dem Grund, weil wir eben eine bestimmte Entwicklungsstufe in der Menschheitsgeschichte erlangt haben.

Und, meine sehr verehrten Anwesenden, ein anderes kommt noch dazu: Mit dieser neueren Technik ist zu gleicher Zeit ein neues soziales Leben heraufgezogen.

Ich brauche es nicht zu schildern, wie gerade die moderne Technik den modernen Industrialismus geschaffen hat, wie diese moderne Technik das moderne Proletariat hervorgebracht hat in der Gestalt, wie es jetzt ist und so weiter.

Aber mir kommt es vor, dass, wenn man sich nur stellen will auf den Standpunkt der früheren wissenschaftlichen Methode, auf den Standpunkt desjenigen, was aus der Beobachtung hervorgeht, dann werden unsere Gedanken zu kurz. Wir kommen nicht dazu, zu umfassen dasjenige, was im sozialen Leben wirklich sich offenbart.

Dazu ist notwendig – nämlich, um zu erfassen, was im sozialen Leben aus dem Menschlichen hervorgeht –, dazu ist notwendig, dass wir zu Wahrheiten kommen, die sich auch nur durch die Menschennatur selber offenbaren.

Und so glaube ich, dass der Marxismus – und andere Dinge, andere ähnliche Quacksalbereien auch, die heute die Menschen in solchen Aufruhr versetzen – nur dann wird überwunden werden können, wenn man besondere Methoden, die notwendig gefunden werden als Gegenpol der Technik, anwendet auf das, was soziales Leben der Menschen ist, wenn man dadurch wird hineintragen können in das äußere Leben, in die breiten Massen: Geistigkeit, weil man selbst diese Geistigkeit durch inneres Erleben gefunden hat.

Aus diesem Grund ist es nicht ein Zufall, dass aus demselben Grund und Boden heraus, aus dem sich mir anthroposophisch orientierte Geisteswissenschaft ergeben hat, auch erwachsen ist, für mich wahrhaftig ungesucht, dasjenige, was ich darzustellen versuchte in meinem Buch «Die Kernpunkte der sozialen Frage».

Ich versuchte einfach die Konsequenzen zu ziehen desjenigen, was geisteswissenschaftliches Erkennen ist für das soziale Leben. Und es ergab sich mir ganz von selbst dasjenige, was ich in diesem Buch dargestellt habe. Ich glaube nicht, dass man ohne Geisteswissenschaft die Methoden finden kann, die erfassen, wie Mensch mit Mensch lebt im sozialen Leben.

Und ich glaube, weil wir heute noch nicht dazu gelangt sind, das soziale Leben zu erkennen, dass sich dieses Leben selber von uns nicht bezwingen lässt, und dass wir deshalb in dem Moment, wo nach der furchtbaren Kriegskatastrophe die Menschen vor die Notwendigkeit gestellt sind, einen Neuaufbau zu vollziehen, zunächst in ein Chaos hineingekommen sind, weil es notwendig ist, dasjenige, was vollzogen werden soll, aus geistigen Gesetzen heraus zu vollziehen, nicht aus demjenigen Gesetz heraus, das ein missverständliches Erkennen glaubt, auf Naturgesetze begründen zu können, wie im Marxismus und anderen radikalen Ausgestaltungen der sozialen Wissenschaft.

So, meine sehr verehrten Anwesenden, durfte ich wohl gerade vor Ihnen etwas begründen, was mir im Grunde genommen etwas recht Persönliches ist. Und ich darf sagen: Ich fühle mich, indem ich vor Ihnen gesprochen habe, in diesem Moment zurückversetzt in eine frühere Zeit, in die achtziger Jahre des vorigen Jahrhunderts, wo wir in Mitteleuropa uns in eine Zeit hineinlebten, die von allen so empfunden wurde, dass es eine Zeit des Aufstiegs sei.

Wir sind heute angelangt – diejenigen Menschen, die so wie ich sind, indem sie alt geworden sind – an einem Zeitpunkt, wo dasjenige, was dazumal an Lenzeshoffnungen aufgetaucht ist, in einer gewiss recht tragischen Gestalt vor unserem geistigen Auge steht.

Diejenigen, die vierzig Jahre zurückblicken auf das, was dazumal wie ein unbesiegbarer Aufstieg erschien, die blicken heute auf etwas zurück, worin sich offenbart für viele Menschen etwas, was doch in vieler Beziehung ein Irrtum war.

Indem ich zu Ihnen spreche, spreche ich zu «Kommilitonen», welche in einer anderen Lage sind. Viele sind wohl unter Ihnen, die in dem Alter, wo ich erlebt habe jene Lenzeshoffnung, jetzt erleben etwas, was sehr unähnlich ist den Phantasien, die dazumal aus den Lenzeshoffnungen heraus vor die menschliche Seele getreten sind.

Aber derjenige, der so erfüllt ist von der Möglichkeit und Notwendigkeit geistigen Erkennens, wie der, der vor Ihnen spricht, der kann niemals pessimistisch sein gegenüber der Kraft der Menschennatur. Der kann nur optimistisch sein!

Und deshalb erscheint es mir durchaus nicht als etwas, was ich nicht als ein Mögliches vor meine Seele hinstelle, dass, wenn Sie einmal dasjenige Alter erreicht haben, in dem ich heute vor Ihnen spreche, Sie den umgekehrten Weg durchgemacht haben – jenen umgekehrten Weg, der aus der Kraft der menschlichen Seele, vor allen Dingen aus der Geisteskraft der menschlichen Seele, nun wiederum aufwärts führt.

Und weil ich an den Menschen glaube aus Geisterkenntnis heraus, so glaube ich, dass man nicht reden kann wie Spengler von einem Niedergang, einem Tod der abendländischen Zivilisation. Sondern indem ich glaube an die Kraft der Seele, die in Ihnen lebt, glaube ich, dass wir kommen müssen wiederum zu einem Aufstieg.

Denn dieser Aufstieg wird nicht von einem leeren Phantom bewirkt, sondern vom menschlichen Willen. Und ich glaube so stark an die Wahrheit der Ihnen geschilderten Geisteswissenschaft, dass ich überzeugt davon bin: Dieser Wille kann den Menschen weitertragen, kann einen neuen Aufstieg bewirken, kann eine neue Morgenröte bewirken.

Und deshalb, meine sehr verehrten Anwesenden, möchte ich schließen hier mit dem Wort, das mir in die Ohren tönte als junger Student, als der Rektor für neue Mechanik und Maschinenbau in Wien seine Antrittsrede hielt, dazumal für Menschen, die auch daran glaubten – trotzdem mit Recht daran glaubten, wenn auch nachher nur einseitig ein technischer Aufstieg kam, nicht ein sozialer, nicht ein politischer Aufstieg kam.

Jetzt aber stehen wir in einem Zeitraum, in dem wir ja, wenn wir nicht verzweifeln wollen, nur an einen Aufstieg denken können, denken müssen. Deshalb sage ich, wie jener Mann dazumal zu uns jungen Leuten gesagt hat: «Kommilitonen! Ich schließe damit, dass derjenige, der ehrlich empfindet mit der Entwicklung der Menschheit gegenüber dem, was entstehen soll aus aller Wissenschaft, aus aller Technik, dass der nur sagen kann: Immer vorwärts!»

Fragenbeantwortung

Frage: Was berechtigt uns dazu, wenn wir über die Grenzen des Denkens hinausgehen, die Einheit des Denkens zu verlassen und vom Denken zur Meditation überzugehen?

Rudolf Steiner: Meine sehr verehrten Anwesenden! Es handelt sich, wie mir scheint, bei dieser Frage um etwas sehr Bedeutsames, das allerdings in seiner Gänze nur durch gründliche erkenntnistheoretische und erkenntniskritische Betrachtung beobachtet werden könnte. Ich will aber versuchen, ein wenig auf das eine oder andere hinzuweisen, welches für die Beantwortung dieser Frage in Betracht kommt.

Da darf ich vielleicht aufmerksam machen auf das letzte Kapitel, das ich angefügt habe der zweiten Auflage meiner «Rätsel der Philosophie», worin ich dargestellt habe den Entwicklungsgang der Philosophie selber, und worin ich dann versuchte zu zeigen, wie gerade im gegenwärtigen Augenblick der menschheitlichen Entwicklung die Philosophiegeschichte, die Philosophieentwicklung angekommen ist dabei, aus sich selbst heraus gewissermaßen zu fordern dieses Hinausgehen des Denkens über denjenigen Standpunkt des Denkens, der gerade vorhanden ist, wenn man an den Grenzen des Naturerkennens angelangt ist.

Ich habe dazumal versucht, Folgendes zu zeigen: Die Menschen können, wenn sie so richtig verfolgen die Erkenntnismethoden, wie etwa Du Bois-Reymond, der große Physiologe, diese Erkenntnismethode verfolgt, ganz bis zu dem Gesichtspunkt kommen, den Du Bois-Reymond gerade in seiner Rede «Über die Grenzen des Naturerkennens» in den siebziger Jahren auf der berühmten Naturforscherversammlung in Leipzig ausgesprochen hat oder auch wiederholt hat in der Rede über «Die sieben Welträtsel».

Ich brauche nicht darauf hinzuweisen, dass dazumal Du Bois-Reymond davon sprach, dass man mit der Anwendung desjenigen, was hier genannt worden ist «das einheitliche Denken», dazu kommt, den so genannten Laplace'schen Geist auszubilden, das heißt ein solches Denken über die Materie zu entwickeln, wie es möglich ist dann, wenn man alles Materielle durchdringen will, so wie man durchdringt mit den astronomisch-mathematischen Methoden den Lauf der Planeten eines Sonnensystems und so weiter.

Wenn man nun durch eine gewisse innere Anschauung den Blick richtet auf dasjenige, was da sich in uns selbst vollzieht, wenn man gewissermaßen einmal versucht, das Subjekt zum Objekt zu machen, dann stellt sich heraus, dass dieses Denken, das man da entwickelt, nun nicht bloß etwa so definiert werden kann, dass es da wäre um irgendeine Außenwelt abzubilden oder um die Tatsachen einer Außenwelt zu kombinieren.

Ich muss sehen in dem, was so über das Denken gedacht wird, noch einen letzten Rest jener alten Teleologie, jener alten Zweckmäßigkeitslehre, die überall nicht nach dem Warum fragt, sondern nach dem Wozu – die nicht fragt: «Wie kommt es, dass die ganze Organisation des Menschen oder irgendein anderer

Organismus ein Organ wie die Hand in einer bestimmten Weise gestaltet hat?», sondern: «Wie musste sich zu einem gewissen Zweck diese Hand, eben zweckmäßig, gestalten?»

Das wird, wenn man sich auch dessen heute nicht mehr bewusst ist oder noch nicht bewusst ist, auch ausgedehnt auf die Betrachtung des Denkens. Man fragt: «Wozu ist das Denken eigentlich da?» Man macht sich das nicht immer klar, aber man fragt es unbewusst. Das Denken, so meint man, das Erkennen überhaupt, sei dazu da, dass man eine äußere Welt in sich hineinsauge gewissermaßen, dass man das, was zuerst draußen ist, wenn auch nur im Bild in seinem Inneren habe.

Nun aber kann man realistisch – aber natürlich «geistig-realistisch» – verfolgen, was das Denken eigentlich ist. So merkt man, dass dieses Denken durchaus eine reale Kraft ist, die uns selber gestaltet.

Sehen Sie, diese Geisteswissenschaft, von der ich hier spreche, das ist nicht eine abstrakte Theorie, nicht irgendetwas, was nur eine Weltanschauung in Ideen sein will. Unter anderem – ich darf das wohl hier sagen, es wird ja nicht als Unbescheidenheit angeschaut werden – habe ich in der letzten Zeit gehalten außer einem pädagogischen Kurs, in dem ich versuchte, die Geisteswissenschaft auf die Pädagogik anzuwenden (es war für die Lehrerschaft, bevor die Waldorfschule gegründet worden ist), außer diesem pädagogischen Kurs habe ich auch einen Kurs gehalten, der versuchte, aus der Geisteswissenschaft heraus gerade das Therapeutische der Medizin zu ergreifen und zu zeigen, wie aus geistigem Forschen Lichter fallen können auf dasjenige, wozu man niemals eigentlich vollständig gelangt, wenn man nur mit den heutigen Methoden der Physiologie, der Biologie forscht.

Nun, ich möchte Ihnen nicht etwas speziell Therapeutisches sagen, aber ich möchte doch eines erwähnen, um die Methode zu charakterisieren. Das ist, dass ja eigentlich heute in der gebräuchlichen Philosophie immer nur spekuliert wird über den Zusammenhang des Geistig-Seelischen mit dem Leiblich-Körperlichen.

Da gibt es allerlei Theorien über Wechselwirkung, über Parallelismus und so weiter, allerlei materialistische Deutungen der Seelenvorgänge. Aber man hat eigentlich immer, in einer gewissen Abstraktion, vor sich auf der einen Seite das abstrakte Beobachten des Geistig-Seelischen, auf der andern Seite des Leiblich-Physischen, und man spekuliert dann, wie diese beiden miteinander in ein Verhältnis kommen können.

Geisteswissenschaft studiert wirklich methodisch – aber eben in demjenigen Denken, das da erweckt wird, methodisch –, wie das Seelisch-Geistige im Leiblich-Physischen wirkt.

Und ich will – indem ich mich einfach vielleicht manchem Missverständnis aussetze, indem ich mich aussetze dem, dass das, was ich sage, als paradox genommen wird – ich will eines herausheben: Wenn wir beobachten das Kind, das heranwächst bis zum Zahnwechsel um das siebte Jahr, dann merken wir, dass nicht nur dieser Zahnwechsel sich vollzieht, sondern dass da auch die Konfiguration des Geistig-Seelischen eine wesentliche Änderung erfährt.

Wenn Sie nun zurückdenken auch nur in Ihrem eigenen Leben: Wenn man noch nicht methodisch forscht, findet man, dass die scharf konturierten Gedanken, die sich dann befestigen zur Erinnerung und für den Lauf des Lebens sich fortpflanzen, dass diese scharf umrissenen Gedanken aus der Denkkraft heraus erst in der Zeit sich bilden können, in der der Organismus heraustreibt – es ist ja etwas, was aus dem ganzen Organismus, nicht bloß aus dem Kiefer, kommt – das, was die zweiten Zähne sind.

Verfolgt man das methodisch weiter, so kommt man darauf, dass man sich sagt: Geradeso, wie etwa bei physikalischen Vorgängen irgendeine Kraftart, etwa mechanische Kraft, verwandelt werden kann in Wärme, und man dann sagt: «Wärme wird frei», «Wärme erscheint», so hat man zu verfolgen im menschlichen Lebenslauf dasjenige, was im Organismus «leibt» – der Ausdruck ist uns ganz verloren gegangen! –, im Zahnwechsel und was dann frei wird, wenn der Zahnwechsel nach und nach sich vollzieht, was dann aus dem latenten in den freien Zustand übergeht, was zuerst innerlich gewirkt hat.

Die zweiten Zähne sind erschienen: Da wirkt ein gewisser Kräftezusammenhang, ein Kräftesystem im

Inneren, bis diese zweiten Zähne entstehen. Dann wird dieser Kräftezusammenhang frei, und er erscheint in seinem Freiwerden als jenes Geistig-Seelische, das dann die scharf konturierten Gedanken der Erinnerung gibt.

So gelangt allmählich diese Geisteswissenschaft dazu – ich kann ja nur eine Andeutung geben und bitte deshalb um Entschuldigung, aber ich müsste sonst stundenlang reden –, ich will nur zeigen, wie in der Tat diese Geisteswissenschaft auf Gebiete angewendet wird, an die man heute nicht denkt. Sie ist eine Fortsetzung des Naturwissenschaftlichen!

Genau dieselbe Form des Denkens ist es, die man anwendet, wenn man vom Freiwerden der Wärme spricht. Dieselbe Form, die man sich nur erst herausgebildet hat, wendet man dann auf die menschliche Entwicklung an. Und man sagt sich: Das, was als Erinnerung, als Denkkraft erscheint, das schiebt die zweiten Zähne heraus – wenn ich mich trivial ausdrücken darf.

Da hat man nicht ein Spekulieren über den Zusammenhang von Leib und Seele, sondern da verfolgt man ganz empirisch, wie man es als Naturforscher gewöhnt ist – nur mit höher entwickelten Denkmethoden empirisch –, dasjenige, was eben beobachtbar ist. Nur ist das Ganze, was man um sich hat, auch geistig beobachtet.

Und so kommt man dazu, nicht mehr in abstrakter, nebuloser Weise über Wechselwirkung von Leib und

Seele und Geist zu sprechen, sondern man gibt an, wie in einem gewissen Lebensalter eine Kraft leiblich wirkt, sich dann als Geistig-Seelisches emanzipiert in einem anderen Lebensalter. Und man gelangt dazu, mit dem Geist hineinzukommen in das Materielle, das Materielle geistig zu verstehen.

Das ist das Eigentümliche, dass der Materialismus gerade das Materielle nicht verstanden hat, dass er eigentlich der Materie gegenübersteht wie etwas, was unverstanden für ihn bleibt.

Der Materialismus ist gerade das, was die Materie nicht verstanden hat. Die Geisteswissenschaft, die hier gemeint ist, dringt durch ihre geistige Methode gerade zum Verständnis des Materiellen vor.

Und es war tatsächlich den zuhörenden Ärzten und Medizinstudenten äußerst interessant, wenn man ihnen zeigen konnte, wie man nun wirklich dazu gelangt, das Geistig-Seelische wirksam darzustellen im Leiblichen – wie man darstellen kann, wie eigentlich das Herz in seiner Funktion aus der Geisteswissenschaft heraus in ganz anderer Weise begriffen werden kann als mit den Methoden der heutigen Physiologie oder Biologie.

Also darum handelt es sich, dass in der Tat nicht bloß durch irgendeine phantastische Ausgestaltung, sondern durch ein wirkliches Weiterführen, das aber einfach durch einen Grenzzustand oder «Krisis-Zustand» durchgehen muss, das Denken sich entwickelt.

Bei diesem Durchgehen durch den Grenzzustand wird eben das Denken etwas anderes. Sie dürfen nicht sagen, dass die Einheit des Denkens damit irgendwie zerstört wird. Es wird zum Beispiel die Kraft, die im Eis wirkt, nicht etwas, was nicht mehr sein darf, wenn das Eis zergeht durch Schmelzen und zu Wasser wird. Und die Kraft, die im Wasser wirkt, wird nicht etwas anderes, wenn das Wasser durchgeht durch den Siedepunkt in die Verdampfung.

So handelt es sich darum, dass an dem Punkt, den ich als einen Entwicklungspunkt für das Denken charakterisiert habe, diese Denkkraft durchgeht durch einen solchen Grenzzustand und dann allerdings in einer andern Form erscheint. So dass sich das Erleben vom früheren Erleben unterscheidet wie Dampf vom Wasser.

Dadurch kommt man aber dazu, die Denkkraft selbst, das Denken – ich könnte dasselbe auch vom Wollen beweisen – als etwas, was real im Menschen wirkt, zu verstehen. Man sieht dann in der Denkkraft, die man später im Leben hat, dasjenige, was im kindlichen Alter im Leib gewirkt hat. Es wird also gerade in einer merkwürdigen Weise alles zur Einheit.

Ich gebe Ihnen gerne zu: Geisteswissenschaft kann in manchen Einzelfragen irren, sie ist am Anfang. Aber darum handelt es sich nicht. Sondern es handelt sich darum, in welcher Richtung, in welcher Orientierung gestrebt wird.

Und so kann man sagen: Es wird versucht, dasjenige, was im Denken sich offenbart, in seiner Gestaltung des Menschen zu beobachten – zu beobachten als eine reale, den menschlichen Organismus gestaltende, durchbildende Kraft. Es wird das Denken in seiner Realität betrachtet.

Deshalb sagt man sich zuletzt: Diejenigen, die noch das Denken erkenntniskritisch so betrachten, dass sie nur nach einem Zweck fragen: «Warum ist das Denken so, dass es äußere Sinneswahrnehmungen kombiniert?» – sie geben sich einem gewissen Irrtum hin, dem Irrtum, den ich Ihnen jetzt charakterisieren möchte.

Wir nehmen an, das Weizenkorn oder die Weizenähre wächst aus dem Würzelchen heraus, durch den Halm. Die pflanzenbildende Kraft äußert sich, und kann aus dem Samen heraus eine neue Pflanze, die wieder bis zum Samen kommt, gestalten und so weiter. Wir sehen das, was da als Bildekraft in der Pflanze wirkt, kontinuierlich, in geschlossenem Fortgang, in der Pflanze selbst wirksam von Gestaltung zu Gestaltung – wie Goethe sagt: von Metamorphose zu Metamorphose.

So versucht man in der Geisteswissenschaft das Denken, das sich dann im Menschen äußert, als gestaltende Kraft zu verfolgen, und man kommt dazu, zu sagen: Indem das Denken im Menschen eine gestaltende Kraft ist, kommt auch eine Nebenwirkung zustande. Und diese Nebenwirkung, die ist eigentlich erst das gewöhnliche Erkennen.

Und wenn ich nach dieser Nebenwirkung das Denken in seiner Wesenheit charakterisieren will, so tue ich genau dasselbe wie wenn ich sage: «Was interessiert mich, was da in der Pflanze als bildende Kraft durch die Wurzel, die Halme in die Ähre hinaufschießt. Das interessiert mich nicht, ich gehe aus von der Ernährungschemie und untersuche, was da im Weizenkorn erscheint als Ernährungssubstanz.»

Das ist natürlich auch eine berechtigte Betrachtung des Weizenkorns, man kann es so betrachten auf dieser Grundlage. Aber wenn ich das tue, dann sehe ich dabei ab von dem, was eigentlich kontinuierlich in der Pflanzenbildung fortfließt. Und so ist es mit dem Erkennen!

In dem, was gewöhnlich von den Erkenntnistheoretikern, von den Philosophen und von denjenigen, die die Naturwissenschaft begründen wollen mit irgendwelcher Betrachtung, gedacht wird, da sind dieselben Wirkungen, die auftreten, indem das Denken, das eigentlich uns gestalten will, nach außen hin sich ebenso in einer Nebenwirkung äußert, wie das, was in der Weizenpflanze wächst – kontinuierlich fortgedacht –, in einer Nebenwirkung sich äußert, indem es auch die Grundlage ist für die Ernährung eines anderen Wesens.

Aber es ist falsch, den Weizen nur auf diese hin zu untersuchen. Das hat mit dem Wesen des Weizenkornes nichts zu tun. Da bringe ich einen anderen Gesichtspunkt hinein. So ist die Philosophie heute auf einem Holzweg, wenn sie nur untersucht das Erkennen in Bezug auf das Auffassen der Außenwelt.

Denn das Wesentliche ist, dass das Erkennen eine im Menschen gestaltende Kraft ist und das andere geradezu als Nebenwirkung auftritt. Solange ist diejenige Betrachtungsweise, die das Denken nur in dem Zustand belassen will, indem es Naturgesetze abstrahiert, Wahrnehmungen sammelt, gerade in derselben Lage wie derjenige, der behaupten würde: Man solle nicht eigentliche Pflanzenbiologie treiben, um das Wesen der Pflanze kennenzulernen, sondern Ernährungschemie!

Das sind Dinge, an die man heute nicht denkt, die aber eine große Rolle spielen in der Weiterentwicklung der wissenschaftlichen Zukunft, jener wissenschaftlichen Zukunft, die zu gleicher Zeit die Zukunft ist einer solchen sozialen Gestaltung, durch die der Mensch im Erfassen des sozialen Lebens durch den Geist auch wirklich eingreifen kann in die soziale Gestaltung.

Denn das scheint mir gerade dasjenige zu sein, was zur Katastrophe geführt hat: Dass wir nicht mehr das Leben meistern, weil wir in einen Zustand der Menschheitsentwicklung eingetreten sind, in dem das Leben vom Geist aus gemeistert werden muss, von jenem Geist aus, der von innen heraus erkannt wird und dadurch auch dasjenige erkennt, was uns in der Außenwelt entgegentritt.

Ja, meine sehr verehrten Anwesenden, mit solchen Dingen ist man heute in weitesten Kreisen ein Sonderling, ein «Schwärmer». Und jedenfalls mutet man einem solchen nicht zu, dass er die Außenwelt wirklich realistisch durchschaut.

Aber ich glaube doch, dass ich nicht fehlgehe, wenn ich sage: Die Anwendung der Geisteswissenschaft auf die gesamte äußere Welt lässt sich vergleichen mit dem, wenn jemand ein hufeisenförmiges Eisen herlegt. Da kommt der Bauer und sagt: «Damit werde ich mein Pferd beschlagen.» Es sagt ihm ein anderer, der weiß, was das ist: «Das ist kein Hufeisen, das ist ein Magnet, das muss zu etwas ganz anderem dienen, da ist etwas anderes drinnen.» Der Bauer aber sagt: «Was geht mich das an, ich beschlage mein Pferd damit.»

So kommt einem heute diejenige Wissenschaftlichkeit vor, die durchaus nicht zugeben will, dass das Geistige überall im Materiellen lebt. Wer das Geistige im Materiellen ableugnet, gleicht demjenigen, der da spricht wie der Bauer: Was geht mich der Magnetismus an, ich beschlage mein Pferd mit dem Eisen.

Ich glaube allerdings, dass die Erkenntnis davon, dass wir in allem Materiellen nicht bloß ein Abstrakt-Geistiges, sondern ein Konkret-Geistiges zu erkennen haben, aufgehen muss, dass wir uns aber dann ebenso dazu bequemen müssen, im Einzelnen dieses Konkret-Geistige zu studieren, wie wir das im Materiellen tun, und dass das einen Fortschritt in erkenntnismäßiger und sozialer Beziehung für die Zukunft bedeuten wird.

Aber es ist leichter, Spekulationsergebnisse und allerlei Philosophien zu äußern über das, was der Geist ist, Pantheist oder dergleichen zu sein aus Spekulation, als nach dem Muster strenger Naturwissenschaft, nur eben mit der erlebbaren Methode, so wie ich es geschildert habe, fortzusetzen die naturwissenschaftlichen Forschungen und dann dazu zu kommen, geradeso wie man Wärme, auch wenn sie sich nicht äußert, dennoch zur Erscheinung bringt, indem man zeigt unter welchen Umständen sich das, was latent ist, offenbart.

Wenn man diese Methode, die man gewöhnlich anwendet im Äußeren, anwendet in Fortsetzung auf das Innere, namentlich aber auf den ganzen Menschen, dann wird man aus dem Inneren heraus gerade das Geistige im Materiellen begreifen.

Und es wird vor allen Dingen dasjenige erfüllt werden nach und nach, was eigentlich schon seit uralten Zeiten zu uns herüberklingt, und was dennoch für den Menschen zu erfüllen eine tiefe Notwendigkeit ist, was von dem apollinischen Tempel uns immer noch herüberklingt in die Geistesohren: «Mensch, erkenne dich selbst».

Und so wie Philosophen und Theologen von diesem «Erkenne dich selbst» gesprochen haben, so hat auch der mehr oder weniger nach dem Materialistischen hinneigende Naturgelehrte Haeckel davon gesprochen. Dieses «Erkenne dich selbst» sitzt tief in der Menschennatur. Und die neuere Zeit ist eben an einem

Punkt angelangt, wo diesem «Erkenne dich selbst» in konkreter Weise entgegengekommen werden muss.

Aus diesen Andeutungen glaube ich doch gezeigt zu haben, dass es sich nicht handelt um ein Versündigen gegen die Einheit des Denkens, sondern um eine Fortsetzung des Denkens über einen Grenzpunkt hinaus.

So wie es nicht unmöglich ist, die Kräfte, die sich da in ganz anderer Weise äußern im Wasser, zu einer ganz anderen Offenbarung zu bringen nach dem Durchgehen durch den Siedepunkt, so wird nicht gesündigt gegen das, was im kombinierenden Denken mit der Wahrnehmung erlebt wird, wenn man dieses Denken über den Grenzpunkt hinausführt.

Es ist ganz selbstverständlich, dass dann eine Metamorphose des Denkens erreicht wird. Aber gegen eine irgendwie geartete Einheitlichkeit des Denkens ist damit durchaus nicht gesündigt, wie Sie überhaupt finden werden, dass man durch die Geisteswissenschaft nicht zur Ablehnung der Naturwissenschaft kommt, sondern gerade zur tieferen Durchdringung.

Dass man gerade zu dem kommt, was ich für besonders wichtig für die Menschheitsentwicklung halte – zu einer das Leben befruchtenden Einführung der naturwissenschaftlichen Erkenntnisse in die ganze Weltauffassung, die aber nur dadurch bewirkt werden kann, dass wir von dem geistigen Anschauen des Natürlichen zum reinen Erleben des Geistigen aufsteigen, das sich dann auch in unser Wollen ergießen kann und in uns zur lebendigen Kraft werden kann.

Weil es das kann, weil das lebendige Erkennen uns zu gleicher Zeit nicht nur weiser, sondern auch geschickter macht, deshalb glaube ich an eine Menschenzukunft, an einen Menschenfortschritt, wenn in der Zukunft mehr hineingeschaut wird, als es bisher der Fall war, auf das Geistige im Materiellen – wenn gesucht wird im Materiellen das Geistige – das dann auch übertragen werden kann auf das Soziale.

So dass in der Zukunft die Lösung der sozialen Frage uns erscheinen wird als Durchgeistigung des sozialen Lebens, als Durchgeistigung desjenigen Geistes, den wir gerade als Fortsetzung des naturwissenschaftlichen Forschens uns erringen können.

Prof. Dr. Th. Meyer: Ich bin vollständig mit Herrn Dr. Steiner darin einverstanden, dass die Grenzbegriffe der naturwissenschaftlichen Erkenntnis nicht die Grenzbegriffe des Seins und der Wirklichkeit seien. Ich habe auch mit warmem und ergriffenem Herzen angehört den Appell an die Selbstzucht, den wir gehört haben, und ich habe mit freudigem Herzen ihn von den Hoffnungen sprechen hören, die das deutsche Volk auch trotz seines Zusammenbruchs für die Zukunft hegen darf. Aber ich habe doch einigermaßen Zweifel in dem Punkt, ob die anthroposophisch orientierte Geisteswissenschaft gerade die Fähigkeit besitzen wird, zu der neuen Höhe, zu der Deutschland streben soll, zu führen. Und zwar meine ich, liege das Bedenken in Folgendem: Herr Dr. Steiner hat immer wieder betont, dass der Weg in die höheren Welten, von dem er gesprochen hat, durch das Schauen erreicht wird, durch ein schauendes Bewusstsein, durch ein Erleben, und dass dieser Weg durchaus Wissenschaft ist, nicht Phantasie. Dieses innere Schauen hat selbstverständlich das, was in der Logik «Evidenz» besitzt. Das heißt, man kann das, was ich mit äußeren oder inneren Augen gesehen habe, nicht bestreiten. Ich sehe einen Baum und brauche nicht zu beweisen, dass der Baum da sein muss. Es gibt keinen metaphysischen Beweis dafür, es ist «evident», dass der Baum da ist. Herr Dr. Steiner beansprucht nun für sein inneres Schauen diese Evidenz. Das heißt, er sieht die höhere Welt und sieht die Zusammenhänge der höheren Welt, und weil er sie sieht, eben deshalb ist diese höhere Welt da, sie ist unbestreitbar. Ich möchte auch nicht bestreiten, dass die höhere Welt für den, der sie schaut, evident ist. Nur fragt es sich, ob sie für jedermann evident ist, und da habe ich ein Bedenken. Seitdem mir die Anthroposophie bekannt ist, beruft sie sich darauf, dass dieses innere Schauen, dieses schauende Bewusstsein, uralt ist, dass es schon lange Menschen gegeben hat, die sich zu der Höhe dieses schauenden Bewusstseins erheben, schon lange in Indien erhoben haben. Daher nimmt auch die Anthroposophie eine ganze Anzahl von Ausdrücken aus dem Indischen auf. Sie braucht für die verschiedenen Geisteserkenntnisse, die sie vermittelt, indische Ausdrücke. Nun liegt aber die Tatsache so, dass Dr. Steiner nun doch wieder behauptet, dass er etwas Neues bringe. Es sind aber doch vor Dr. Steiner eine ganze Anzahl theosophischer Vereine in Deutschland gewesen, auch in England gewesen. Herr Dr. Steiner hat ursprünglich diesen theosophischen Vereinen angehört, dann ist er in Widerstreit mit ihnen gekommen und ist aus diesen Vereinen ausgetreten. Er hat eben, weil er in inneren Zwiespalt mit ihnen kam, seine Auffassung der Dinge nicht mehr mit dem Namen «Theosophie» bezeichnet, sondern eben, weil sein inneres Schauen verschieden ist von dem inneren Schauen der andern Theosophen, es mit dem Namen «Anthroposophie» belegt. Da möchte ich nun sagen: Wenn nun das frühere schauende Bewusstsein sich geirrt hat, wenn erst Dr. Steiner das Richtige gebracht hat, wer garantiert mir dafür, dass nun nicht wieder ein anderer kommt und sagt: Dieses höhere schauende Bewusstsein, das Herr Dr. Steiner gebracht hat, ist nicht zum letzten Ziel durchgedrungen. Es kann ein anderer zu einem ganz anderen Ziel kommen. Dadurch wird das Schauen Dr. Steiners subjektiv, es ist die Anschauung eines Einzelnen. Ob man sich darauf verlassen kann, wird doch zweifelhaft. Das ist mein Bedenken, das sich ergibt in Bezug auf das Übersinnliche der ganzen Bewegung: Dass da ein verschiedenes inneres Schauen ist. Es dürfte doch gar kein Zwiespalt eintreten zwischen den verschiedenen Schauenden. Ich möchte aber nicht schließen, ohne meinen aufrichtigen und warmen Dank Herrn Dr. Steiner auszusprechen für die vielfachen feinen Anregungen, die er in seiner Rede heute Abend gegeben hat.

Rudolf Steiner: Meine sehr verehrten Anwesenden! Ich werde nicht nötig haben, Sie noch allzu lange aufzuhalten. Denn ich werde nur aufmerksam zu machen haben darauf, dass dem sehr verehrten Herrn Vorredner gerade in dem Wichtigsten, was er als Bedenken vorgebracht hat, doch einiges Irrtümliche unterlaufen ist.

Zunächst handelt es sich darum – ich möchte gewissermaßen vom Ende aus beginnen –, dass ich einiges Irrtümliche richtig stelle.

Die Sache ist nicht so, dass dem, was ich Ihnen hier dargestellt habe, andere theosophische Vereine mit ihren Lehren vorangegangen sind, denen ich angehört habe. So ist die Sache nicht, sondern ich habe in den achtziger Jahren meine Interpretationen der Goetheschen Weltanschauung zu schreiben begonnen. Wer diese verfolgt – sie sind dazumal als Einleitung zu Goethes naturwissenschaftlichen Schriften in Kürschners National-Literatur in Stuttgart erschienen –, der wird finden, dass der Keim zu all dem, was ich Ihnen heute vorgetragen habe, durchaus in jenen Einleitungen liegt.

Sie werden dann finden, dass ich versucht habe in Bezug auf eine freie Auffassung des Menschen in meiner «Philosophie der Freiheit» in der ersten Auflage 1894 darzustellen, wie der Mensch allmählich durch die Entwicklung seines Denkens bis zu einer gewissen Stufe kommt – wie dann sich angeschlossen hat daran dasjenige, was das diskursive Denken in das schauende Denken hineinführt.

Da, sehen Sie, ist es dann gekommen, dass in der Zeit so um 1901 ich in Berlin einmal ersucht wurde, in einem Kreis, der sich ein «theosophischer» nannte, dasjenige vorzutragen, was ich über den Geist zu sagen hatte. Ich hatte dazumal mich [um jenen Kreis] niemals gekümmert – ich habe verschiedene Theosophen kennen gelernt, aber das, was sie geäußert haben, konnte mich nicht eigentlich dazu veranlassen, diejenige theosophische Literatur mit einiger Aufmerksamkeit zu verfolgen, die bei dieser theosophischen Gesellschaft üblich war.

Und so trug ich eben damals dasjenige vor, was sich mir selbst aus eigener anschauender Forschung ergeben hatte. Das führte sehr bald dazu, dass – allerdings von Leuten in England auch, die mein Buch «Die Mystik im Aufgange des neuzeitlichen Geisteslebens» gelesen haben – sehr bald diese Vorträge ins Englische übersetzt worden sind und in englischen Zeitungen erschienen sind. Ich wurde dann aufgefordert, Vorträge zu halten für eine Anzahl von Leuten derjenigen Gesellschaft, die sich eben die «Theosophische Gesellschaft» nannte.

Ich habe niemals zurückgehalten damit, vor denjenigen, die mich riefen – ob sich diese nun so oder so nennen –, zu reden über das, was ich zu sagen habe.

Ich habe aber auch nirgends etwas anderes vertreten als das, was ich aus der eigenen Forschung heraus zu sagen habe.

So habe ich auch in der Zeit, in der ich angeblich angehört haben soll theosophischen Gesellschaften, nichts anderes vertreten als das, was ich aus eigener Forschung zu vertreten habe.

Dass ich nicht erst später – als ich etwa zu einer andern Anschauung gekommen wäre als diese Gesellschaften – das, was ich vorbrachte, «Anthroposophie» nannte, das möge Ihnen daraus hervorgehen, dass ich in derselben Zeit, als ein Kreis von Leuten sich in Berlin versammelt hatte, um eben zu arrangieren, dass ich in einem größeren Kreis für Leute, die dafür empfänglich waren, in dieser theosophischen Gesellschaft vortragen solle, kein Jota anders vorgetragen habe als gerade das, was ich aus meiner Forschung heraus vorzutragen hatte.

Und da kündigte ich in demselben Moment meine Vorträge an – damit nicht die Leute irgendwie im Irrtum sein könnten – als: «Anthroposophische Betrachtungen der Menschheitsentwicklung». Also gerade so lange, als irgendein Mensch aus äußeren Verhältnissen das Recht haben kann, mich mit der Theosophie in Berührung zu bringen, gerade so lange nenne ich meine Weltanschauung «Anthroposophie». Da war niemals ein Bruch oder irgend so etwas darin. Das ist dasjenige, was ich jetzt nur darüber sagen möchte, um Sie nicht zu lange aufzuhalten.

Nun, sehr verehrte Anwesende, es ist gerade so, wie man gewöhnlich sagt: Ja, wenn man die Philosophiegeschichte studiert, findet man, dass die Philosophen – fangen wir bei Thales an bis herauf zu Eucken oder anderen – alle möglichen Ansichten aufgestellt haben, und dass sie sich oftmals widersprochen haben. Wie kann man da zu einer Sicherheit des Erkennens kommen?

Gerade das setzte ich mir in meinen «Rätseln der Philosophie» zur Aufgabe, zu zeigen, dass die Sache sich nicht so verhält – dass dasjenige, was scheinbar Abweichungen in denjenigen Philosophien sind, die dieses Namens wert sind, nur immer davon herkommt, dass der eine die Welterscheinungen von einem Standpunkt aus betrachtet.

Wenn man einen Baum photographiert von einer Seite, so hat das, was man auf dem Bild sieht, eine bestimmte Seite. Photographiert man den Baum von einer andern Seite, so bekommt man ein ganz anderes Bild – und doch ist es derselbe Baum. Dann kommt man darauf, dass viele wirklich wahrheitshaltige Philosophien einfach dadurch sich unterscheiden, dass nicht die eine von der andern abweicht, weil man überhaupt nicht zu einer Wahrheit kommen kann, sondern dass sie von verschiedenen Standpunkten aus ein und dasselbe anschauen, und dass ein innerer Gehalt durch den Entwicklungsgang geht – ich habe es in meinem Buch «Die Rätsel der Philosophie» gezeigt. Dann kommt man darauf, dass das ein Vorurteil ist, wenn man sagt, dass die Philosophen sich widersprechen. Es gibt allerdings solche, die in einem gewissen Widerspruch stehen, allein das sind diejenigen, die sich eben geirrt haben.

Man kann nicht daraus, dass zwei Kinder in einer Klasse eine Aufgabe verschieden lösen, sagen, man sei deshalb nicht sicher, wer das Richtige gefunden habe. Man weiß schon, was das Richtige ist, wenn man die richtige Lösung versteht. Also daraus, dass die Dinge verschieden sind, lässt sich nicht ableiten, dass sie falsch sind! Das ließe sich nur ableiten aus dem inneren Gang der Sache selber, da müsste man schon hinschauen auf den inneren Gang der Sache selber.

Und es ist eine äußerliche Betrachtung, wenn man sagt: «Der Steiner ist ausgetreten aus der theosophischen Gesellschaft.» Erstens bin ich nicht ausgetreten, sondern ich bin, nachdem ich zuerst mit allen Kräften hereingezerrt worden bin zum Vortragen von meiner eigenen Weltanschauung, durchaus von nichts anderem – ich darf vielleicht vor Ihnen den manchmal verpönten Ausdruck gebrauchen – «herausgeschmissen» worden. Aus dem Grund, meine sehr verehrten Anwesenden, weil ich die «andere Art der Wahrheit» – nämlich jenen Wahnwitz, der es endlich dazu gebracht hat, einen Knaben zu präsentieren, einen indischen Knaben, von dem man behauptete, das ist der neu erschienene Christus, er wird nach Europa gebracht und in ihm wird der wieder verkörperte Christus erscheinen –, weil ich selbstverständlich diese Narrheit als eine Narrheit charakterisierte.

Und weil dazumal diese Narrheit über die ganze Welt Tausende und Abertausende von Anhängern fand, nahm diese Anhängerschaft die Veranlassung, mich hinauszuwerfen. Ich brauchte mir nichts daraus zu machen, ich habe jedenfalls nicht geglaubt, dass das, was man sich errungen hat durch inneres Forschen, etwa unsicher deshalb erscheint, weil eine Gesellschaft, die sich auch «theosophisch» nennt, einen herausexpediert, eine Gesellschaft, die da behauptet, in dem indischen Knaben verkörpere sich wiederum der Christus.

So äußerlich dürfen solche Sachen nicht betrachtet werden, indem man einfach über das Konkrete hinwegsieht und sagt: «Nun ja, da sind verschiedene Ansichten vorhanden.» Man muss schon dasjenige, was auftritt, sich etwas ansehen. Und so möchte ich Ihnen doch anheimstellen, wenn Sie einmal Zeit haben – aber Sie werden viel damit zu tun haben, wenn Sie all die Quacksalbereien vornehmen wollen, ich sage das nicht aus Unbescheidenheit, sondern aus Wirklichkeitserkenntnis der Sache und aus geistigem Ringen heraus –, vergleichen Sie all die Quacksalbereien, die aufgetreten sind in den so genannten theosophischen Gesellschaften mit dem, was ich von jeher versucht habe, aus guter Wissenschaftlichkeit heraus zu bringen.

Und bedenken Sie, dass ich selbst heute gesagt habe: Im Einzelnen kann geirrt werden, aber es handelt sich darum, eine neue Richtung zu zeigen, es braucht durchaus nicht so zu sein, dass in allen Einzelheiten das absolut Richtige dasteht.

So möchte ich darauf hinweisen, dass es für mich durchaus so erscheint, dass ja gewiss irgendeiner sagen kann: Er schaue ein rechtwinkliges Dreieck an, da kriege er alles Mögliche heraus. Dann kommt einmal einer, der sagt: Das Hypotenusenquadrat ist gleich der Summe der zwei Kathetenquadrate. Da kann man nicht sicher wissen, weil er es nun allein sagt, dass es allgemein richtig sein könnte.

Nein, wenn einem aus den inneren Gründen es sich aus der Anschauung des Mathematischen ergeben hat, dass das Hypotenusenquadrat gleich ist der Summe der beiden Kathetenquadrate, dann mag eine Million von Menschen sagen, es sei anders, dann weiß ich es! – und widerspreche einer Million von Menschen.

Denn die Wahrheit hat tatsächlich nicht bloß eine äußere Begründung der Übereinstimmung, sondern auch eine Begründung einfach in ihrer inneren Substanzialität.

Das ist dasjenige, was gewiss jeder nachprüfen kann. Und ich habe immer nichts anderes behauptet, als dass derjenige, der da will, gerade so die geisteswissenschaftliche Methode kennen lernen kann, wie er die Methoden der Chemie kennen lernen kann. Wenn sie aber erforscht sind, dann können sie von jedem denkenden Menschen nachgeprüft werden. Und so kann auch das, was ich sage oder was ich schreibe und geschrieben habe aus der Geisteswissenschaft heraus, von jedem denkenden Menschen nachgeprüft werden.

Da werden gewiss mancherlei Irrtümer drinnen sein, selbstverständlich, aber das ist genauso wie bei den andern Forschungen. Es handelt sich nicht um diese Irrtümer im Einzelnen, sondern um den Grundcharakter des Ganzen.

Habe ich vor Ihnen heute einen einzigen «indischen Ausdruck» gebraucht? Und wenn irgendetwas manchmal dadurch bezeichnet wird, dass man irgendeinen alten Ausdruck gebraucht, so ist das eben ein «terminus technicus», den man deshalb gebraucht, weil im gegenwärtigen Sprachgebrauch ein solcher Ausdruck nicht vorhanden ist.

Aber wenn ich auch den pythagoräischen Lehrsatz beweisen kann an der Tafel oder etwas anderes – ist einem deshalb vorzuwerfen, dass das schon vor Jahrhunderten da war? Für mich handelt es sich nicht darum, uralt Indisches oder dergleichen vorzubringen, sondern dasjenige vorzubringen, was sich aus der Sache selbst ergibt. Wie heute derjenige, der den pythagoräischen Lehrsatz begreift und versteht, ihn aus der Sache selbst begreift, obwohl man ihn in einem bestimmten Zeitpunkt als zuerst auftauchend findet, so muss natürlich manches, aber doch eigentlich nur scheinbar, übereinstimmen mit dem, was schon da war.

Aber gerade dagegen habe ich mich immer am allerlebhaftesten gewehrt, dass dasjenige, was hier versucht wird aus dem gegenwärtigen Zeitpunkt des Menschheitsbewusstseins heraus, irgendetwas zu tun habe mit irgendeiner alten indischen Mystik oder dergleichen.

Anklänge sind da, selbstverständlich, weil das instinktive Erkennen in uralten Zeiten manches gefunden hat, was heute wieder auftauchen muss. Aber dasjenige, was ich meine, ist nicht aus alten Traditionen geschöpft. Das ist wirklich geschöpft so, dass wahr ist, für mich wahr ist, was ich damals niederschrieb, als ich mein Buch «Theosophie» schrieb in der ersten Auflage 1904: Ich will nichts anderes mitteilen, als dasjenige, was ich durch geisteswissenschaftliche Forschung so erkannt habe, wie man irgendeine andere wissenschaftliche Wahrheit durch äußeres Beobachten und kombinierendes Denken erkennt, und wofür ich selber, persönlich eintreten kann.

Es mag gewiss mancher anders sein, aber ich trage nichts anderes vor als dasjenige, wofür ich persönlich eintreten kann. Das sage ich nicht aus Unbescheidenheit, sondern aus dem Grund, weil ich erscheinen möchte als ein Mensch, der nicht aus einem anderen Geist als aus dem Geist der modernen Naturwissenschaft – und der neueren Technik auch – heraus eine neue Geisteswissenschaft hinstellen will, und weil ich meine, dass man dieses neue Bewusstsein erst versteht, gerade in naturwissenschaftlicher und technischer Eigenart, wenn man durch beide getrieben wird zur Anschauung des Geistes.

Ich bitte, meine Worte nicht so aufzufassen, als hätte ich vor dem, was der verehrte Herr Vorredner gesagt hat, «kneifen» wollen. Nein, ich bin dankbar, dass mir Gelegenheit gegeben wurde, einige tatsächliche Irrtümer richtig zu stellen, die sich sehr verbreitet haben. Aber es ist eben durchaus manches, sehr vieles sogar, von dem, was heute verbreitet wird über das, was ich auch in Stuttgart seit Jahrzehnten vortrage, auf Irrtümern beruhend.

Und es schien mir notwendig, was auch anerkennenderweise der Herr Vorredner getan hat, etwas einzugehen auf das Vorgebrachte, weil es sich nicht darum handelt, nur das mich persönlich Berührende richtig zu stellen, sondern auch etwas, was der Herr Vorredner zusammenbrachte mit dem Substanziellen der Frage, durch das Historische richtig zu stellen.

Ich bin also sehr dankbar, dass mir Gelegenheit gegeben worden ist, noch etwas aus dem Gebiet der so genannten «Geisteswissenschaft» zu besprechen.

Frage: Wenn Dr. Steiner mir nur einen Punkt der Geisteswissenschaft so beweist, wie die Lehre des Pythagoras bewiesen werden kann, dann folge ich ihm gerne, dann ist es Wissenschaft.

Rudolf Steiner: Meine sehr verehrten Anwesenden! Wer kann den pythagoräischen Lehrsatz wirklich «beweisen»? Nicht wahr, der pythagoräische Lehrsatz kann nicht dadurch bewiesen werden, dass ich auf die Tafel ein rechtwinkliges Dreieck zeichne, und dann nach einer der Methoden, nach der das «bewiesen» wird, der Beweis durchgeführt wird. Das ist nur eine Veranschaulichung des Beweises!

Es handelt sich doch darum, dass derjenige, der den pythagoräischen Lehrsatz beweisen will, in die Notwendigkeit versetzt wird, dasjenige, was mathematisch konstruierbar ist, in innerer Anschauung – wenn auch nur eben in der inneren Anschauung der geometrischen Raumesanschauung – vor sich zu haben. Denken Sie sich also ein Bewusstsein, das diese Raumesanschauung nicht hätte: Das würde nicht das Substanzielle jenes pythagoräischen Lehrsatzes vor sich haben, es würde so lange den pythagoräischen Lehrsatz zu beweisen keinen Sinn haben. Den pythagoräischen Lehrsatz können wir nur beweisen dadurch, dass wir das Substanzielle der Raumesanschauung und Raumesgestaltung vor uns haben.

In dem Augenblick, wo wir zur anderen Form des Bewusstseins aufsteigen, tritt zur gewöhnlichen Raumesanschauung etwas anderes dazu. Dann handelt es sich darum, dass – wie durch einen Vergleich jener Umlegung und dergleichen, die man macht – man dadurch gerade so «beweist» dasjenige, was in dieser Anschauung gegeben ist. So handelt sich also beim pythagoräischen Lehrsatz darum, wenn er bewiesen werden soll, dass diese Anschauung zugrunde liegen muss, wie zugrunde liegen muss die Anschauung wenn ich beweisen will, dass nach dem Zahnwechsel die Kraft des Denkens wirkt.

Dazu ist aber zunächst notwendig, dass man eine Anschauung davon hat, dass man sich gewissermaßen in diese neue Konfiguration des Bewusstseins hineinfindet. Nur so lange als man keine Anschauung von der Raumgestaltung hat, kommt man überhaupt nicht zu jenem Konstatieren, das zum Beweis des pythagoräischen Lehrsatzes führt. Und nur so lange glaubt man, dass nicht in derselben Weise die Ergebnisse der geisteswissenschaftlichen Forschung zu beweisen sind, als man noch nicht jenen Übergang vollzogen hat von dem gewöhnlichen Bewusstsein zum erlebenden Bewusstsein, das ich geschildert habe.

Ich bin davon ausgegangen, dass das erlebende Bewusstsein erst da ist. Und wie derjenige, der nicht eine Raumesanschauung hat, vom pythagoräischen Lehrsatz nicht reden kann, so kann man nicht reden von dem Beweis irgendeines Satzes der Geisteswissenschaft, wenn man die ganze Anschauungsweise nicht zugibt. Aber diese Anschauungsweise ist etwas, was errungen werden muss – es ist nicht ohne das da.

Unsere Zeit erfordert aber, dass man sich zu etwas völlig Neuem entschließt, wenn man zu diesem Fortschritt der Wissenschaft übergehen will. Und ich glaube allerdings, dass noch sehr vieles überwunden werden muss, bis in breiteren Kreisen dasjenige eintritt für die Geisteswissenschaft, was eintreten musste in diesen breitesten Kreisen, als auftrat gegenüber aller früheren Vorstellung die kopernikanische Weltanschauung oder dasjenige, was man sich vorstellt als Unendlichkeit des Raumes.

Früher hat man sich da oben eine blaue Kugel vorgestellt. Jetzt stellt man sich vor: Es gibt Grenzen des

Naturerkennens, die nicht überwunden werden können. Oder: man kann nicht hinaus über das gewöhnliche Denken. Solche Dinge sind durchaus dem bekannt, der die Geschichte der Menschheitsentwicklung verfolgt.

Und ich kann nur sagen: Entweder ist das, was ich versuchte vorzutragen, ein Weg zur Wahrheit – nicht die fertige Wahrheit! –, dann wird er schon gegangen werden. Oder aber es ist ein Weg zum Irrtum, dann wird er überwunden werden – aber das schadet nichts!

Was aber nicht erlöschen darf in uns, nicht durch voreilige Kritik hinweggefegt werden darf, das ist das immerwährende Streben nach aufwärts und vorwärts. Und nur von diesem Streben ist eigentlich beseelt dasjenige, was ich Ihnen heute versuchte zu charakterisieren als den Weg, den die anthroposophisch orientierte Geisteswissenschaft einschlagen will.

Frage: Wir müssen den bestimmten Glauben haben, dass die Mühe, die wir aufwenden, sich auch lohnen wird. Ist es überhaupt möglich, das Geistesleben an und für sich zu erkennen? Dr. Steiner sagt, es sei möglich, den Geist der Welt, den Geist allen Lebens und aller Natur zu erkennen und mit ihm in Fühlung zu kommen. Ist das mit unserem Geist, mit unserem Denken möglich? Ich muss das bezweifeln. Das Denken besteht aus Vorstellungen, ich denke in Bildern.

Rudolf Steiner: Meine sehr verehrten Anwesenden! Wollte ich auf die Frage eingehen, so müsste ich Sie ja sehr lange aufhalten. Das will ich und werde ich nicht tun und daher nur das Folgende sagen – ich bedaure nur, dass die Frage nicht früher gestellt worden ist, dann könnte ich sie gründlicher beantworten. Sie können in meinen Schriften überall diejenigen Dinge finden, die ich mir «hypothetisch» einwende und die dort auch besprochen sind vom Standpunkt der Geisteswissenschaft, so dass Sie in der Literatur schon eine Behebung Ihrer Zweifel finden können.

Hier möchte ich aber nur das Folgende sagen: Es wird bei gewissen Menschen so, dass sie durch vorgefasste Meinung gewissermaßen es sich unmöglich machen, von der Erscheinung weiterzukommen. Sie weisen auf die Erscheinungen hin und sagen dann: «Was dahinter liegt, das erkennen wir nicht.» Der ganze Kantianismus beruht im Grunde genommen auf diesem Irrtum. Und angefangen hat mein ganzes Streben damit, dass ich versuchte, diesen Irrtum zu bekämpfen. Ich möchte Ihnen durch einen Vergleich klarmachen, wie man allmählich zu einer Behebung dieser Zweifel kommen kann.

Wenn jemand ansieht einen einzelnen Buchstaben, so kann er sagen: «Dieser einzelne Buchstabe weist mich auf nichts anderes hin als auf das, was seine Form ist. Und diese seine Form kann ich nicht auf etwas anderes beziehen, sie sagt mir nichts anderes.»

Wenn ich anschaue, sagen wir, eine elektrische Erscheinung, ist es gerade so, wie wenn ich einen Buchstaben anschaue: Er sagt mir nichts. Was anderes ist es aber, wenn ich viele Buchstaben nacheinander anschaue und ein Wort habe, so dass ich dadurch vom Anschauen zum Lesen geführt werde. Ich habe auch nichts anderes vor mir, als was angeschaut wird, aber ich dringe vor zum Sinn. Da werde ich zu etwas ganz anderem geführt.

Und so ist es richtig, dass solange man nur einzelne Naturerscheinungen und einzelne Naturelemente erfasst – Elemente im Sinne von mathematischen Elementen genommen –, man richtig sagen kann: Man dringt nicht ins Innere. Aber wenn man versucht dann so im Zusammenhang alles zu beleben, mit einer neuen Tätigkeit einzusetzen, wie beim Übergang vom bloßen Buchstaben zum Lesen, dann wird etwas ganz anderes.

Deshalb ist dasjenige, was Geisteswissenschaft eigentlich im Grunde genommen sein will, nichts anderes als Phänomenologie – aber Phänomenologie, welche nicht dabei stehen bleibt, die einzelnen Phänomene zusammenzusetzen, sondern zu lesen im Zusammenhang der Phänomene.

Es ist Phänomenologie, und es wird nicht gesündigt dadurch, dass man spekulierend über die Phänomene hinausgeht, sondern man fragt ihnen ab, ob sie nicht nur in Einzelheiten, sondern im Zusammenhang für eine gewisse innerliche Tätigkeit etwas zu sagen haben.

Es ist zu begreifen, dass man, wenn man nur die einzelnen Phänomene anschaut, auf dem Standpunkt stehen kann, auf dem Haller gestanden hat, als er sagte:

«In's Innre der Natur dringt kein erschaffner Geist,
Glückselig, wem sie nur die äußre Schale weist».

Aber man versteht auch, wenn jemand so die Phänomenologie erfasst wie Goethe – und Geisteswissenschaft ist nur fortgeschrittener Goetheanismus –, man
versteht dann, dass man gegenüber diesen Worten sagen kann:

«In's Innre der Natur ... dringt kein erschaffner Geist»
... «Glückselig! wem sie nur die äußre Schale weist».
Das hör' ich sechzig Jahre wiederholen.
Ich fluche drauf, aber verstohlen; ...
Natur hat weder Kern noch Schale,
Alles ist sie mit einemmale.
Dich prüfe du nur allermeist,
Ob du Kern oder Schale seist.

Rudolf Steiner (1861-1925) hat die moderne Naturwissenschaft durch eine umfassende Wissenschaft des Übersinnlich-Geistigen ergänzt. Seine «Anthroposophie» ist in der heutigen Kultur eine einzigartige Herausforderung zur Überwindung des Materialismus, dieser leidvollen Sackgasse der Menschheitsentwicklung.

Steiners Geisteswissenschaft ist keine bloße Theorie. Ihre Fruchtbarkeit zeigt sie vor allem in der Erneuerung verschiedener Bereiche des Lebens: der Erziehung, der Medizin, der Kunst, der Religion, der Landwirtschaft, bis hin zu einer gesunden Dreigliederung des ganzen sozialen Organismus, in der Kultur, Rechtsleben und Wirtschaft genügend voneinander unabhängig gestaltet werden und sich dadurch gesund entfalten können.

Von der etablierten Kultur ist Rudolf Steiner bis heute im Wesentlichen ignoriert worden. Dies vielleicht deshalb, weil viele Menschen vor der Wahl zwischen Macht und Menschlichkeit, zwischen Geld und Geist, zurückschrecken. In dieser Wahl liegt jene innere Erfahrung der Freiheit, die vor zweitausend Jahren allen Menschen möglich gemacht wurde und die zu einer zunehmenden Scheidung der Geister in der Menschheit führt.

Die Geisteswissenschaft Rudolf Steiners kann weder ein elitäres noch ein Massenphänomen sein: Einerseits kann nur der einzelne Mensch in seiner Freiheit dazu Stellung nehmen und sie ergreifen, andrerseits kann dieser Einzelne in allen Schichten der Gesellschaft und in allen Völkern und Religionen der Menschheit seine Wurzeln haben.

Diesen Vortrag gibt es auch als Heftchen für nur € 2.
(mit Hervorhebungen im Text und einem Nachtrag von Pietro Archiati)

Für die Anforderung des Bücherverzeichnisses des Archiati Verlags
oder für die Bestellung von Büchern wenden Sie sich an:

Archiati Verlag e. K.
Sonnentaustraße 6a · D-80995 München
Telefon: (089)15 000 513 · Telefax: (089)15 000 542
info@archiati-verlag.de · www.archiati-verlag.de